DIETA PALEO 2022

DELICIOSAS Y SABROSAS RECETAS
PARA SORPRENDER A TU FAMILIA

JUAN FERRERO

Tabla de contenido

Huevos escoceses secos de cereza y salvia 8
Filetes de coliflor y huevos 10
Frittata de pavo, espinacas y espárragos 12
Huevos Revueltos Tunecinos con Pimientos Asados y Harissa 14
Huevos Shakshuka 16
Huevos Horneados con Salmón y Espinacas 17
Sopa de huevo con cebolletas, champiñones y bok choy 19
Tortilla dulce persa 22
Chawanmushi de camarones y cangrejo 24
Picadillo De Salchicha De Pollo 27
Sartén de res desmenuzada al estilo cubano 29
Sartén Poulet Francés 31
Trucha con batatas muy raras 33
Empanadas de salmón con salsa de tomatillo y mango, huevos escalfados y cintas de calabacín 35
Jacks de manzana y lino 39
Paleo Granola de naranja y jengibre 41
Melocotones y bayas guisados con crujiente de coco y almendras tostadas 43
Batidos energéticos de fresa y mango 45
Batidos de Dátiles 46
Poppers de jalapeño rellenos de chorizo 48
Bocaditos de remolacha asada con un chorrito de naranja y nuez 50
Tazas de Coliflor con Pesto de Hierbas y Cordero 53
Aderezo de alcachofa de espinaca 56
Albóndigas asiáticas con salsa de anís estrellado 58
Huevos rellenos 61
Rollos de berenjena asada y romesco 63
Wraps de carne y verduras 65
Bocaditos de escalopina y escarola de aguacate 66
Chips verde mostaza con manchas de sésamo 68
Pepitas asadas picantes 69
Nueces de hierbas y chipotle 71

Hummus de pimiento rojo asado con verduras 74

Té helado de jengibre e hibisco 76

Agua Fresca de Fresa-Melón-Menta 77

Agua Fresca de Sandía y Arándanos 78

Agua Fresca de Pepino 79

Coco Chai 80

Solomillo de ternera asado a fuego lento 82

Ensalada de carne rara al estilo vietnamita 84

Carne de vaca 84

Ensalada 84

Pechuga estofada mexicana con ensalada de mango, jícama, chile y semillas de calabaza asadas 86

Falda 86

Ensalada 86

Wraps de lechuga romana con pechuga de res desmenuzada y harissa de chile rojo fresco 88

Falda 88

Harissa 88

Ojo redondo asado con costra de hierbas con puré de verduras de raíz y salsa de pan 90

Asar 90

Salsa sartén 90

Sopa de Res y Verduras con Pesto de Pimiento Rojo Asado 94

Estofado de ternera dulce y salado a fuego lento 97

Sopa Asiática De Filete De Flanco 99

Filete de flanco salteado con arroz de coliflor y sésamo 101

Filete de falda relleno con salsa chimichurri 103

Chuck Steaks estofado en vino con champiñones 106

Tiras de filetes con salsa de aguacate y rábano picante 108

Bife 108

Salsa 108

Filetes de solomillo marinados con hierba de limón 110

Solomillo balsámico-Dijon con espinacas al ajo 112

Bife 112

Espinacas 112

Filetes de Lomo a la Parrilla con Hash de Vegetales de Raíz Rallada 115

Salteado Asiático De Carne Y Verduras 117
Filetes de tablones de cedro con unta asiática y ensalada de col 119
Filetes de tres puntas a la sartén con peperonata de coliflor 122
Filetes a la plancha au Poivre con salsa de champiñones y Dijon 124
Filetes 124
Salsa 124
Filetes a la plancha con ensalada de salsa y cebollas caramelizadas con chipotle . 127
Filetes 127
Ensalada de salsa 127
Cebollas caramelizadas 127
Ribeyes a la parrilla con cebolla a las hierbas y "mantequilla" de ajo 130
Ensalada de chuletón con remolacha a la parrilla 132
Costillas al estilo coreano con repollo de jengibre salteado 134
Costillitas de Res con Gremolata de Cítricos e Hinojo 137
Costillas 137
Calabaza Asada 137
Gremolata 137
Empanadas de carne al estilo sueco con ensalada de pepino con mostaza y eneldo
 140
Ensalada de pepino 140
Empanadas de carne 140
Hamburguesas de ternera asadas en rúcula con tubérculos asados 144
Hamburguesas de ternera a la parrilla con tomates con costra de sésamo 147
Hamburguesas en un palito con salsa para mojar Baba Ghanoush 150
Pimientos Dulces Rellenos Ahumados 153
Hamburguesas de Bisonte con Cebolla Cabernet y Rúcula 156
Pastel de carne de bisonte y cordero sobre acelgas y batatas 159
Albóndigas de Bisonte Salsadas con Manzana y Grosellas con Pappardelle de
    Calabacín 162
albóndigas 162
Salsa de Manzana y Grosellas 162
Pappardelle de calabacín 163
Bisonte Porcini Boloñesa Con Calabaza Espagueti De Ajo Asado 165
Bisonte chili con carne 168
Filetes de bisonte con especias marroquíes con limones a la parrilla 170

Solomillo De Bisonte Frotado Con Hierbas De Provenza 172
Costillas de bisonte estofadas en café con gremolata de mandarina y puré de raíces de apio 174
Escabeche 174
Cocer a fuego lento 174
Caldo de hueso de res 177
Paletilla de cerdo tunecina untada con especias con patatas fritas picantes 179
Cerdo 179
Papas fritas 179
Paleta de cerdo a la parrilla cubana 182
Asado de cerdo italiano condimentado con verduras 185
Mole de cerdo en olla de cocción lenta 187
Estofado de cerdo y calabaza con alcaravea 189
Asado de lomo superior relleno de frutas con salsa de brandy 191
Asar 191
Salsa de brandy 191
Asado de cerdo estilo porchetta 194
Lomo De Cerdo Estofado Con Tomatillo 196
Solomillo De Cerdo Relleno De Albaricoque 198
Solomillo de cerdo con costra de hierbas y aceite de ajo crujiente 200
Cerdo con especias de la India con salsa de coco 202
Scaloppini de cerdo con manzanas y castañas especiadas 203
Salteado de fajitas de cerdo 206
Solomillo de cerdo con oporto y ciruelas pasas 207
Tazas de cerdo estilo Moo Shu en lechuga con verduras en escabeche rápido ... 209
Vegetales en escabeche 209
Cerdo 209
Chuletas de cerdo con macadamias, salvia, higos y puré de camote 211
Chuletas de cerdo asadas en sartén con romero y lavanda con uvas y nueces tostadas 213
Chuletas de cerdo alla Fiorentina con brócoli asado Rabe 215
Chuletas de cerdo rellenas de escarola 218

HUEVOS ESCOCESES SECOS DE CEREZA Y SALVIA

DEBERES: 20 minutos de horneado: 35 minutos rinde: 4 porciones

ESTE CLÁSICO APERITIVO DE PUB BRITÁNICO SE TRADUCE EN UN PERFECTO DESAYUNO PALEO. SI PREPARA LOS HUEVOS DUROS CON ANTICIPACIÓN, ESTA RECETA SE COMBINA MUY RÁPIDAMENTE Y TAMBIÉN SE PELAN MÁS FÁCILMENTE. MANTENER UN TAZÓN DE HUEVOS DUROS EN EL REFRIGERADOR ES UNA GRAN IDEA PARA DESAYUNOS Y REFRIGERIOS RÁPIDOS.

1 libra de carne de cerdo molida magra
½ taza de cerezas secas cortadas sin azúcar agregada
2 cucharadas de salvia fresca cortada en tiras
1 cucharada de mejorana fresca cortada en tiras
1 cucharadita de pimienta negra recién molida
¼ de cucharadita de nuez moscada recién molida
⅛ cucharadita de clavo molido
4 huevos grandes duros, enfriados y pelados *
½ taza de harina de almendras
1 cucharadita de salvia seca, triturada
½ cucharadita de mejorana seca, triturada
2 cucharadas de aceite de oliva virgen extra
Mostaza estilo Dijon (ver <u>receta</u>)

1. Precaliente el horno a 375 ° F. Cubra una bandeja para hornear con papel pergamino o papel de aluminio; dejar de lado. En un tazón grande combine la carne de cerdo, las cerezas, la salvia fresca, la mejorana fresca, la pimienta, la nuez moscada y el clavo.

2. Forme la mezcla de cerdo en cuatro empanadas iguales. Coloque un huevo en cada hamburguesa. Dale forma a la hamburguesa alrededor de cada huevo. En un plato poco profundo o para tarta,

combine la harina de almendras, la salvia seca y la mejorana seca. Enrolle cada huevo recubierto de salchicha en la mezcla de harina de almendras para cubrir. Coloque en la bandeja para hornear preparada. Rocíe con aceite de oliva.

3. Hornee por 35 a 40 minutos o hasta que la salchicha esté bien cocida. Sirva con mostaza estilo Dijon.

* Consejo: para cocinar huevos duros, coloque los huevos en una sola capa en una cacerola grande. Cubra con 1 a 2 pulgadas de agua. Llevar a ebullición. Deje hervir durante 1 minuto. Retírelo del calor. Cubra y deje reposar de 12 a 15 minutos.

FILETES DE COLIFLOR Y HUEVOS

DEBERES: 20 minutos de cocción: 25 minutos rinde: 4 porciones

SE CORTAN RODAJAS GRUESAS UNA CABEZA DE COLIFLOR PARA CREAR ABUNDANTES "BISTECS" QUE LUEGO SE FRÍEN EN ACEITE DE OLIVA HASTA QUE ESTÉN DORADOS Y CRUJIENTES, SE CUBREN CON UN HUEVO ESCALFADO Y SE SIRVEN SOBRE UNA CAMA DE COL RIZADA SALTEADA CON AJO.

- 1 cabeza de coliflor, sin hojas
- 1½ cucharaditas de condimento ahumado (ver receta)
- 5 cucharadas de aceite de oliva virgen extra
- 4 huevos grandes
- 1 cucharada de vinagre blanco o de sidra
- 2 dientes de ajo grandes, picados
- 4 tazas de col rizada picada

1. Coloque el extremo del tallo de la coliflor en una tabla de cortar. Con un cuchillo grande y afilado, corte la coliflor en cuatro filetes de ½ pulgada desde el centro de la coliflor, cortando el extremo del tallo (algunos floretes pueden soltarse; guardar para otro uso).

2. Sazone los bistecs por ambos lados con 1 cucharadita del condimento ahumado. En una sartén extra grande, caliente 2 cucharadas de aceite de oliva a fuego medio-alto. Agrega 2 de los filetes de coliflor. Cocine por 4 minutos por cada lado o hasta que estén dorados y tiernos. Retirar de la sartén y cubrir ligeramente con papel de aluminio. Mantener caliente en un horno a 200 ° F. Repita con los 2 filetes restantes, usando 2 cucharadas adicionales de aceite de oliva.

3. Para escalfar los huevos, llene una sartén separada con aproximadamente 3 pulgadas de agua. Agregue vinagre y cocine a fuego lento. Rompe los huevos, uno a la vez, en un tazón pequeño o

un molde y deslízalos suavemente en el agua hirviendo. Deje que los huevos se cocinen durante 30 a 45 segundos o hasta que las claras comiencen a endurecerse. Apaga el fuego. Cubra y cueza durante 3 a 5 minutos, dependiendo de lo blandas que le gusten las yemas.

4. Mientras tanto, en la misma sartén caliente la cucharada de aceite de oliva restante. Agregue el ajo y cocine de 30 segundos a 1 minuto. Agregue la col rizada y cocine y revuelva durante 1 a 2 minutos o hasta que se ablande.

5. Para servir, divida la col rizada en cuatro platos. Cubra cada uno con un filete de coliflor y un huevo escalfado. Espolvoree los huevos con la ½ cucharadita de condimento ahumado restante y sirva inmediatamente.

FRITTATA DE PAVO, ESPINACAS Y ESPÁRRAGOS

DEBERES: 20 minutos para asar: 3 minutos rinde: 2 a 3 porciones

ESTA HERMOSA FRITTATA SALPICADA DE VERDE VA DE LA MANO MUY RÁPIDAMENTE Y ES UNA EXCELENTE MANERA DE COMENZAR EL DÍA O TERMINARLO. ES PERFECTO PARA UNA CENA RÁPIDA CUANDO NO TIENES TIEMPO PARA PREPARAR UNA COMIDA MÁS COMPLICADA. NO ES NECESARIA UNA SARTÉN DE HIERRO FUNDIDO PERO TE DARÁ MUY BUENOS RESULTADOS.

- 2 cucharadas de aceite de oliva virgen extra
- 1 diente de ajo picado
- 4 onzas de pechuga de pavo molida
- ¼ a ½ cucharadita de pimienta negra
- ½ taza de espárragos frescos en trozos de ½ pulgada de largo
- 1 taza de hojas tiernas de espinaca fresca, picadas
- 4 huevos grandes
- 1 cucharada de agua
- 2 cucharaditas de eneldo fresco cortado en tiras
- 1 cucharada de perejil fresco cortado en tiras

1. Precaliente el asador con la parrilla del horno colocada a 4 pulgadas del elemento calefactor.

2. En una sartén mediana apta para horno, caliente 1 cucharada de aceite de oliva a fuego medio. Agrega el ajo; cocine y revuelva hasta que esté dorado. Agrega el pavo molido; espolvorear con pimienta. Cocine y revuelva durante 3 a 4 minutos o hasta que la carne esté dorada y bien cocida, revolviendo con una cuchara de

madera para romper la carne. Transfiera el pavo cocido a un tazón; dejar de lado.

3. Regrese la sartén a la estufa; vierta la cucharada restante de aceite de oliva en una sartén. Agrega los espárragos; cocine y revuelva a fuego medio-alto hasta que estén tiernos. Agrega el pavo cocido y las espinacas. Cocine por 1 minuto.

4. En un bol mediano bata los huevos con el agua y el eneldo. Vierta la mezcla de huevo sobre la mezcla de pavo en una sartén. Cocine y revuelva durante 1 minuto. Transfiera la sartén al horno y ase durante 3 a 4 minutos o hasta que los huevos estén listos y la parte superior esté dorada. Espolvorea con perejil picado.

HUEVOS REVUELTOS TUNECINOS CON PIMIENTOS ASADOS Y HARISSA

DEBERES: 30 minutos para asar: 8 minutos reposo: 5 minutos cocción: 5 minutos rinde: 4 porciones

- 1 pimiento rojo pequeño
- 1 pimiento amarillo pequeño
- 1 chile poblano pequeño (ver <u>inclinar</u>)
- 1 cucharada de aceite de oliva virgen extra
- 6 huevos grandes
- ¼ de cucharadita de canela molida
- ½ cucharadita de comino molido
- ⅓ taza de pasas doradas
- ⅓ taza de perejil fresco cortado en tiras
- 1 cucharada de Harissa (ver <u>receta</u>)

1. Precaliente el asador con la parrilla del horno colocada a una distancia de 3 a 4 pulgadas del fuego. Corta los pimientos a la mitad a lo largo; quitar los tallos y las semillas. Coloque las mitades de pimiento, con los lados cortados hacia abajo, en una bandeja para hornear forrada con papel de aluminio. Ase a la parrilla durante 8 minutos o hasta que la piel de la pimienta esté negra. Envuelva los pimientos en el papel de aluminio. Deje enfriar por 5 minutos. Desenvuelva los pimientos; use un cuchillo afilado para pelar las pieles ennegrecidas. Corta los pimientos en tiras finas; dejar de lado.

2. En un tazón grande combine los huevos, la canela y el comino. Batir hasta que esté espumoso. Agregue tiras de pimiento, pasas, perejil y Harissa.

3. En una sartén grande, caliente el aceite de oliva a fuego medio. Agrega la mezcla de huevo a la sartén. Cocine de 5 a 7 minutos o

hasta que los huevos estén listos pero aún húmedos y brillantes, revolviendo con frecuencia. Servir inmediatamente.

HUEVOS SHAKSHUKA

EMPEZAR A ACABAR: 35 minutos rinde: 4 a 6 porciones

¼ taza de aceite de oliva virgen extra
1 cebolla grande, cortada por la mitad y en rodajas finas
1 pimiento rojo grande, en rodajas finas
1 pimiento naranja grande, en rodajas finas
1 cucharadita de comino molido
½ cucharadita de pimentón ahumado
½ cucharadita de pimiento rojo triturado
4 dientes de ajo picados
2 latas de 14.5 onzas de tomates orgánicos sin sal asados al fuego en cubitos
6 huevos grandes
Pimienta negra recién molida
¼ taza de cilantro fresco cortado en tiras
¼ taza de albahaca fresca rallada

1. Precaliente el horno a 400 ° F. En una sartén grande apta para horno, caliente el aceite a fuego medio. Agregue la cebolla y los pimientos dulces. Cocine y revuelva durante 4 a 5 minutos o hasta que las verduras estén tiernas. Agregue el comino, el pimentón, el pimiento rojo triturado y el ajo; cocine y revuelva durante 2 minutos.

2. Agregue los tomates. Llevar a ebullición; reducir el calor. Cocine a fuego lento, sin tapar, unos 10 minutos o hasta que espese.

3. Romper los huevos en una sartén sobre la mezcla de tomate. Transfiera la sartén al horno precalentado. Hornee, sin tapar, durante 7 a 10 minutos o hasta que los huevos estén listos (las yemas aún deben estar líquidas).

4. Espolvoree con pimienta negra. Adorne con cilantro y albahaca; servir inmediatamente.

HUEVOS HORNEADOS CON SALMÓN Y ESPINACAS

DEBERES: 20 minutos de horneado: 15 minutos rinde: 4 porciones

- 1 cucharada de aceite de oliva virgen extra
- 1 cucharada de hojas frescas de tomillo
- Nuez moscada recién rallada
- 10 onzas de hojas tiernas de espinaca (paquete de 6 tazas)
- 2 cucharadas de agua
- 8 onzas de salmón asado o asado
- 1 cucharadita de cáscara de limón finamente rallada
- ½ cucharadita de condimento ahumado (ver receta)
- 8 huevos grandes

1. Precaliente el horno a 375 ° F. Cepille el interior de cuatro moldes de 6 a 8 onzas con aceite de oliva. Espolvoree las hojas de tomillo uniformemente entre los moldes; espolvorear ligeramente con nuez moscada recién rallada. Dejar de lado.

2. En una cacerola mediana tapada, combine las espinacas y el agua. Llevar a ebullición; Retírelo del calor. Levante y dé la vuelta a las espinacas con unas pinzas hasta que se ablanden. Coloque las espinacas en un colador de malla fina; presione firmemente para liberar el exceso de líquido. Divida las espinacas entre los moldes preparados. Desmenuce el salmón de manera uniforme entre los moldes. Espolvoree el salmón con cáscara de limón y condimento ahumado. Rompe 2 huevos en cada molde.

3. Coloque los moldes rellenos en un molde para hornear grande. Vierta agua caliente en la bandeja para hornear hasta que esté a la mitad de los lados de los moldes. Transfiera con cuidado la bandeja para hornear al horno.

4. Hornee durante 15 a 18 minutos o hasta que las claras de huevo estén cuajadas. Servir inmediatamente.

SOPA DE HUEVO CON CEBOLLETAS, CHAMPIÑONES Y BOK CHOY

DEBERES: 30 minutos de reposo: 10 minutos de cocción: 5 minutos rinde: 4 a 6 porciones

- 0.5 onzas de wakame secado al sol
- 3 cucharadas de aceite de coco sin refinar
- 2 chalotas picadas
- 1 pieza de jengibre fresco de 2 pulgadas, pelado y cortado en tiras muy finas del tamaño de una cerilla
- 1 anís estrellado
- 1 libra de hongos shiitake, sin tallo y en rodajas
- 1 cucharadita de polvo de cinco especias
- ¼ de cucharadita de pimienta negra
- 8 tazas de caldo de hueso de res (ver <u>receta</u>) o caldo de res sin sal agregada
- ¼ taza de jugo de limón fresco
- 3 huevos grandes
- 6 cebolletas, en rodajas finas
- 2 cabezas de bok choy baby, cortadas en rodajas de ¼ de pulgada de grosor

1. En un tazón mediano, cubra el wakame con agua caliente. Deje reposar durante 10 minutos o hasta que esté suave y flexible. Escurrir bien; enjuagar bien y escurrir nuevamente. Corta tiras de wakame en trozos de 1 pulgada; dejar de lado.

2. En una olla grande, caliente el aceite de coco a fuego medio. Agregue las chalotas, el jengibre y el anís estrellado. Cocine y revuelva durante unos 2 minutos o hasta que las chalotas estén transparentes. Agrega los champiñones; cocine y revuelva durante 2 minutos. Espolvoree polvo de cinco especias y pimienta sobre los champiñones; cocine y revuelva por 1 minuto. Agregue el wakame

reservado, el caldo de hueso de res y el jugo de limón. Lleve la mezcla a hervir a fuego lento.

3. En un tazón pequeño, bata los huevos. Rocíe los huevos batidos en el caldo hirviendo a fuego lento, haciendo girar el caldo en un movimiento en forma de ocho. Retire la sopa del fuego. Agregue las cebolletas. Divida el bok choy entre tazones grandes calentados. Sirva la sopa en tazones; servir inmediatamente.

TORTILLA DULCE PERSA

EMPEZAR A ACABAR: 30 minutos rinde: 4 porciones

- 6 huevos grandes
- ½ cucharadita de canela molida
- ¼ de cucharadita de cardamomo molido
- ¼ de cucharadita de cilantro molido
- 1 cucharadita de cáscara de naranja finamente rallada
- ½ cucharadita de extracto puro de vainilla
- 1 cucharada de aceite de coco refinado
- ⅔ taza de anacardos crudos, picados en trozos grandes y tostados
- ⅔ taza de almendras crudas, picadas en trozos grandes y tostadas
- ⅔ taza de dátiles Medjool picados y sin hueso
- ½ taza de coco rallado crudo

1. En un tazón mediano, mezcle los huevos, la canela, el cardamomo, el cilantro, la cáscara de naranja y el extracto de vainilla hasta que quede espumoso; dejar de lado.

2. En una sartén grande caliente el aceite de coco a fuego medio-alto hasta que una gota de agua en el centro de la sartén chisporrotee. Agrega la mezcla de huevo; reduzca el fuego a medio.

3. Deje que los huevos se cocinen hasta que comiencen a asentarse alrededor de los bordes de la sartén. Con una espátula resistente al calor, empuje suavemente un borde de la mezcla de huevo hacia el centro de la sartén mientras inclina la sartén para permitir que la mezcla de huevo líquida restante fluya por debajo. Repita el proceso alrededor de los bordes de la sartén hasta que el líquido esté casi cuajado pero los huevos aún estén húmedos y brillantes. Afloje los bordes de la tortilla con la espátula; deslice la tortilla suavemente fuera de la sartén y colóquela en un plato para servir.

4. Espolvoree anacardos, almendras, dátiles y coco sobre la tortilla. Servir inmediatamente.

CHAWANMUSHI DE CAMARONES Y CANGREJO

DEBERES: 30 minutos de cocción: 30 minutos de enfriamiento: 30 minutos rinde: 4 porciones

"CHAWANMUSHI" SE TRADUCE LITERALMENTE COMO "TAZA DE TÉ HUMEANTE" QUE SE REFIERE A CÓMO SE COCINA TRADICIONALMENTE ESTE FLAN DE HUEVO JAPONÉS, AL VAPOR EN UNA TAZA DE TÉ. EL PLATO CREMOSO Y SABROSO SE PUEDE SERVIR CALIENTE O FRÍO. UN POCO DE TRIVIA CULINARIA: ES UNO DE LOS RAROS PLATOS JAPONESES QUE SE COME CON CUCHARA.

- 2 onzas de camarones frescos o congelados, pelados, desvenados y picados
- 1½ onzas de carne de cangrejo de las nieves o Dungeness fresca o congelada *
- 2½ tazas de caldo de huesos de pollo (ver receta), Caldo de hueso de res (ver receta), o caldo de pollo o res sin sal, refrigerado
- ⅔ taza de hongos shiitake, sin tallo y picados
- 1 pieza de jengibre fresco de 1 pulgada, pelado y en rodajas finas
- ⅛ cucharadita de polvo de cinco especias sin sal
- 3 huevos grandes, batidos
- ⅓ taza de calabacín en cubitos pequeños
- 2 cucharadas de cilantro fresco cortado en tiras

1. Descongele los camarones y el cangrejo, si están congelados. Enjuague los camarones y el cangrejo; seque con toallas de papel. Dejar de lado. En una cacerola pequeña, ponga a hervir 1½ tazas de caldo, ⅓ taza de hongos shiitake picados, jengibre y cinco especias en polvo; reducir el calor. Hervir suavemente hasta que se reduzca a 1 taza, aproximadamente 15 minutos. Retire la cacerola del fuego. Agrega la taza restante de caldo; Deje enfriar a temperatura ambiente, unos 20 minutos.

2. Cuando el caldo esté completamente enfriado, bata suavemente los huevos, incorporando la menor cantidad de aire posible. En un bol cuele la mezcla a través de un colador de malla fina; desechar los sólidos.

3. Divida los camarones, el cangrejo, el calabacín, el cilantro y el ⅓ de taza restante de los champiñones entre cuatro moldes o tazas de 8 a 10 onzas. Divida la mezcla de huevo entre los moldes llenando cada uno de la mitad a tres cuartos de su capacidad; dejar de lado.

4. Llene una olla extra grande con 1½ pulgadas de agua. Tapar y llevar a ebullición. Reduce el calor a medio-bajo. Coloca los cuatro moldes dentro de la olla. Vierta con cuidado suficiente agua hirviendo adicional para llegar hasta la mitad de los lados de los moldes. Cubra los moldes sin apretar con papel de aluminio. Cubra la olla con una tapa hermética y cocine al vapor durante unos 15 minutos o hasta que la mezcla de huevo esté firme. Para probar si está cocido, inserte un palillo de dientes en el centro de las natillas. Cuando salga el caldo claro, está listo. Retire con cuidado los moldes. Deje enfriar durante 10 minutos antes de servir. Sirva caliente o frío.

Nota: Antes de comenzar la receta, busque una olla extra grande con una tapa que ajuste bien que permita que cuatro moldes o tazas se coloquen en posición vertical dentro de ella. Mientras las tazas están adentro, busque un paño o toalla de cocina 100% algodón limpio que cubra la parte superior de las tazas sin obstruir la tapa.

* Consejo: Necesitará 4 onzas de cangrejo con cáscara para obtener 1½ onzas de carne de cangrejo.

Consejo: Los champiñones y las especias le dan sabor al caldo en el Paso 1. Para una versión más rápida, use 2 tazas de caldo y comience con el Paso 2, omitiendo el jengibre, el polvo de cinco especias y ⅓ taza de shiitakes. No es necesario colar la mezcla de huevo.

PICADILLO DE SALCHICHA DE POLLO

DEBERES: 20 minutos de cocción: 15 minutos rinde: 4 a 6 porciones

AUNQUE ESTE SABROSO HACHÍS ES PERFECTAMENTE DELICIOSO POR SÍ SOLO, PARTIENDO HUEVOS FRESCOS EN HENDIDURAS EN EL PICADILLO Y DEJÁNDOLOS COCINAR HASTA QUE ESTÉN LIGERAMENTE FIRMES, DE MODO QUE LA YEMA SE MEZCLE CON EL PICADILLO, LO HACE PARTICULARMENTE SABROSO.

2 libras de pollo molido
1 cucharadita de tomillo seco
1 cucharadita de salvia seca
½ cucharadita de romero seco
¼ de cucharadita de pimienta negra
2 cucharadas de aceite de oliva virgen extra
2 tazas de cebollas picadas
1 cucharada de ajo picado
1 taza de pimiento verde picado
1 taza de remolacha roja o dorada rallada
½ taza de caldo de huesos de pollo (ver receta) o caldo de pollo sin sal agregada

1. En un tazón grande combine el pollo molido, el tomillo, la salvia, el romero y la pimienta negra, mezclando la mezcla con las manos para distribuir uniformemente los condimentos por la carne.

2. En una sartén extra grande, caliente 1 cucharada de aceite a fuego medio-alto. Agrega el pollo; cocine unos 8 minutos o hasta que esté ligeramente dorado, revolviendo con una cuchara de madera para romper la carne. Con una espumadera, retire la carne de la sartén; dejar de lado. Escurre la grasa de la sartén. Limpia la sartén con una toalla de papel limpia.

3. En la misma sartén, caliente la 1 cucharada de aceite restante a fuego medio. Agrega las cebollas y el ajo; cocine unos 3 minutos o hasta que las cebollas estén tiernas. Agrega pimiento dulce y remolacha rallada a la mezcla de cebolla; cocine de 4 a 5 minutos o hasta que las verduras estén tiernas, revolviendo ocasionalmente. Agregue la mezcla de pollo reservada y el caldo de huesos de pollo. Calentar.

Sugerencia: si lo desea, haga cuatro sangrías en el hash; Rompe un huevo en cada hendidura. Tape y cocine a fuego medio hasta que los huevos estén bien cocidos.

SARTÉN DE RES DESMENUZADA AL ESTILO CUBANO

EMPEZAR A ACABAR: 30 minutos rinde: 4 porciones

LA PECHUGA SOBRANTE ES IDEAL PARA USAR EN ESTA RECETA. PRUÉBELO DESPUÉS DE HABER DISFRUTADO DE UNA PECHUGA ESTOFADA MEXICANA CON MANGO, JÍCAMA, CHILE Y ENSALADA DE SEMILLAS DE CALABAZA ASADAS (VER<u>RECETA</u>) O ROLLITOS DE LECHUGA ROMANA CON PECHUGA DE RES DESMENUZADA Y HARISSA DE CHILE ROJO FRESCO (VER <u>RECETA</u>) PARA LA CENA.

- 1 manojo de berza o 4 tazas de espinaca cruda ligeramente empaquetada
- 2 cucharadas de aceite de oliva virgen extra
- ½ taza de cebolla picada
- 2 pimientos dulces verdes medianos, cortados en tiras
- 2 cucharaditas de orégano seco
- ½ cucharadita de comino molido
- ½ cucharadita de cilantro molido
- ½ cucharadita de pimentón ahumado
- 3 dientes de ajo picados
- 2 onzas de carne de res cocida, desmenuzada
- 1 cucharadita de cáscara de naranja finamente rallada
- ⅓ taza de jugo de naranja natural
- 1 taza de tomates cherry cortados a la mitad
- 1 cucharada de jugo de limón fresco
- 1 aguacate maduro, sin semillas, pelado y en rodajas

1. Retire y deseche los tallos gruesos de las hojas de berza. Corta las hojas en trozos pequeños; dejar de lado.

2. En una sartén extra grande, caliente el aceite de oliva a fuego medio. Agrega la cebolla y los pimientos dulces; cocine de 3 a 5 minutos o hasta que las verduras estén tiernas. Agrega orégano,

comino, cilantro, pimentón ahumado y ajo; revuelva bien. Agregue la carne deshebrada, la piel de naranja y el jugo de naranja; revuelve para combinar. Agregue las hojas de berza y los tomates. Cocine, tapado, durante 5 minutos o hasta que los tomates comiencen a exprimirse y las hojas de berza estén tiernas. Rocíe con jugo de limón. Sirve con aguacate en rodajas.

SARTÉN POULET FRANCÉS

DEBERES: 40 minutos de cocción: 10 minutos de reposo: 2 minutos rinde: 4 a 6 porciones

ES CONVENIENTE TENER POLLO COCIDOEN EL REFRIGERADOR PARA HACER QUE LOS DESAYUNOS RICOS EN PROTEÍNAS SEAN MUCHO MÁS RÁPIDOS. YA SEA DE LAS SOBRAS DE POLLO ASADO CON AZAFRÁN Y LIMÓN (VER<u>RECETA</u>) O SIMPLEMENTE DE POLLO AL HORNO QUE PREPARAS ESPECÍFICAMENTE PARA USAR EN PLATOS COMO ESTE, ES GENIAL TENERLO A MANO.

- 1 paquete de 0.5 onzas de champiñones rebozuelos secos
- 8 onzas de espárragos frescos
- 2 cucharadas de aceite de oliva
- 1 bulbo mediano de hinojo, sin corazón y en rodajas finas
- ⅔ taza de puerro en rodajas, solo las partes blancas y verde claro
- 1 cucharada de hierbas de Provenza
- 3 tazas de pollo cocido cortado en cubitos
- 1 taza de tomates sin semillas, picados
- ¼ de taza de caldo de huesos de pollo (ver <u>receta</u>) o caldo de pollo sin sal agregada
- ¼ taza de vino blanco seco
- 2 cucharaditas de cáscara de limón finamente rallada
- 4 tazas de hojas de acelgas rojas o arcoíris, picadas en trozos grandes
- ¼ taza de albahaca fresca cortada
- 2 cucharadas de menta fresca cortada

1. Rehidratar los hongos secos de acuerdo con las instrucciones del paquete; drenar. Enjuagar y escurrir nuevamente; dejar de lado.

2. Mientras tanto, separe y deseche las bases leñosas de los espárragos. Si lo desea, raspe las escamas. Corte los espárragos en trozos de 2 pulgadas. En una cacerola grande cocine los

espárragos en agua hirviendo durante 3 minutos o hasta que estén tiernos pero crujientes; drenar. Sumerja inmediatamente en agua helada para dejar de cocinar; dejar de lado.

3. En una sartén extra grande, caliente el aceite a fuego medio. Agregue el hinojo, el puerro y las hierbas de Provenza; cocine por 5 minutos o solo hasta que el hinojo comience a dorarse, revolviendo ocasionalmente. Agregue los champiñones rehidratados, los espárragos, el pollo, los tomates, el caldo de huesos de pollo, el vino y la piel de limón. Llevar a fuego lento. Cubra y reduzca el fuego a bajo. Cocine a fuego lento durante 5 minutos o hasta que el hinojo y los espárragos estén tiernos y los tomates estén jugosos. Retírelo del calor. Agregue las acelgas y déjelas reposar durante 2 minutos o hasta que se ablanden. Espolvorea con albahaca y menta.

TRUCHA CON BATATAS MUY RARAS

DEBERES: 35 minutos de horneado: 6 minutos de cocción: 1 minuto por lote de papas rinde: 4 porciones

INCLUSO SI NO PESCASTE LA TRUCHA EN UN ARROYO DE MONTAÑA, ESTE PLATO TE HARÁ SENTIR UN POCO COMO SI ESTUVIERAS DISFRUTANDO DE UN "DESAYUNO EN LA ORILLA" JUNTO A UNA FOGATA CREPITANTE.

- 4 filetes de trucha sin piel frescos o congelados de 6 onzas, de ¼ a ½ pulgada de grosor
- 1½ cucharaditas de condimento ahumado (ver receta)
- ¼ a ½ cucharadita de pimienta negra (opcional)
- 3 cucharadas de aceite de coco refinado
- 1½ libras de camotes blancos o amarillos, pelados
- Aceite de coco refinado para freír *
- Perejil fresco picado
- Cebolletas en rodajas

1. Precaliente el horno a 400 ° F. Descongele el pescado, si está congelado. Enjuague el pescado; seque con toallas de papel. Espolvoree los filetes con Smoky Seasoning y, si lo desea, pimienta. En una sartén extra grande para horno, caliente 2 cucharadas de aceite a fuego medio-alto. Coloque los filetes en una sartén y hornee, sin tapar, durante 6 a 8 minutos o hasta que el pescado comience a descascararse cuando lo pruebe con un tenedor. Retirar del horno.

2. Mientras tanto, usando un pelador en juliana o una mandolina equipada con el cortador en juliana, corte las batatas a lo largo en tiras largas y delgadas. Envuelva las tiras de papa en toallas de papel de doble grosor y absorba el exceso de agua.

3. En una olla grande con lados de al menos 8 pulgadas de alto, caliente de 2 a 3 pulgadas de aceite de coco refinado a 365 ° F. Agregue con cuidado las papas, aproximadamente un cuarto a la vez, al aceite caliente. (El aceite subirá en la olla). Freír de 1 a 3 minutos por lote o hasta que empiece a dorarse, revolviendo una o dos veces. Retire rápidamente las papas con una cuchara ranurada larga y escurra sobre toallas de papel. (Las papas se pueden cocinar demasiado rápidamente, así que verifique con anticipación y con frecuencia). Asegúrese de volver a calentar el aceite a 365 ° F antes de agregar cada lote de papas.

4. Espolvoree la trucha con perejil y cebolletas; sirva con cordones de boniato.

* Consejo: necesitará de dos a tres recipientes de aceite de coco de 29 onzas para tener suficiente aceite para freír.

EMPANADAS DE SALMÓN CON SALSA DE TOMATILLO Y MANGO, HUEVOS ESCALFADOS Y CINTAS DE CALABACÍN

DEBERES: 25 minutos de enfriamiento: 30 minutos de cocción: 16 minutos rinde: 4 porciones

ESTO PUEDE NO SER EL DESAYUNO ANTES DE IR AL TRABAJO UNA MAÑANA DE LUNES A VIERNES, PERO ES UN BRUNCH DE FIN DE SEMANA IMPRESIONANTE Y ABSOLUTAMENTE DELICIOSO PARA AMIGOS O FAMILIARES

- 10 onzas de salmón cocido *
- 2 claras de huevo
- ½ taza de harina de almendras
- ⅓ taza de camote rallado
- 2 cucharadas de cebolletas en rodajas finas
- 2 cucharadas de cilantro fresco cortado en tiras
- 2 cucharadas de Chipotle Paleo Mayo (ver receta)
- 1 cucharada de jugo de limón fresco
- 1 cucharadita de condimento mexicano (ver receta)
- Pimienta negra
- 4 cucharadas de aceite de oliva
- 1 receta de Cintas de calabacín (ver receta, debajo)
- 4 huevos escalfados (ver ver receta de filetes de coliflor y huevos)
- Salsa de Tomatillo-Mango (ver receta, debajo)
- 1 aguacate maduro, pelado, sin semillas y en rodajas

1. Para las hamburguesas de salmón, en un tazón grande use un tenedor para desmenuzar el salmón cocido en trozos pequeños. Agregue claras de huevo, harina de almendras, camote, cebolletas, cilantro, Chipotle Paleo Mayo, jugo de limón, condimento mexicano y pimienta al gusto. Mezclar ligeramente para combinar.

Divida la mezcla en ocho porciones; dale forma a cada porción en una hamburguesa. Coloque las hamburguesas en una bandeja para hornear forrada con papel pergamino. Cubra y enfríe al menos 30 minutos antes de freír. (Los pasteles se pueden enfriar 1 día antes de servir).

2. Precaliente el horno a 300 ° F. En una sartén antiadherente grande, caliente 2 cucharadas de aceite de oliva a fuego medio-alto. Agrega la mitad de los pasteles a la sartén; cocine unos 8 minutos o hasta que estén dorados, volteando los pasteles a la mitad de la cocción. Transfiera los pasteles a otra bandeja para hornear forrada con pergamino y manténgalos calientes en el horno. Fríe los pasteles restantes en las 2 cucharadas de aceite restantes como se indica.

3. Para servir, coloque las cintas de calabacín en un nido en cada uno de los cuatro platos para servir. Cubra cada uno con 2 tortas de salmón, un huevo escalfado, un poco de salsa de tomatillo y mango y rodajas de aguacate.

Cintas de calabacín: Recorte los extremos de 2 calabacines. Con una mandolina o un pelador de verduras, afeite las cintas largas de cada calabacín. (Para mantener las cintas intactas, deje de afeitarse una vez que llegue al centro de la semilla en el centro de la calabaza). En una sartén grande, caliente 1 cucharada de aceite de oliva a fuego medio-alto. Agrega el calabacín y ⅛ de cucharadita de comino molido; cocine de 2 a 3 minutos o hasta que estén tiernos y crujientes, usando pinzas para revolver suavemente las cintas y cocinar de manera uniforme. Rocíe con jugo de limón.

Salsa de Tomatillo-Mango: Precaliente el horno a 450 ° F. Pela y corta a la mitad 8 tomatillos. En una bandeja para hornear coloque los tomatillos; 1 taza de cebolla picada; 1 jalapeño fresco, picado y sin semillas; y 2 dientes de ajo pelados. Rocíe con 1 cucharada de aceite de oliva; revuelva para cubrir. Ase las verduras unos 15 minutos o hasta que comiencen a ablandarse y dorarse. Deje enfriar por 10 minutos. Transfiera las verduras y los jugos a un procesador de alimentos. Agregue ¾ de taza de mango pelado y picado y ¼ de taza de cilantro fresco. Cubra y presione para picar en trozos grandes. Transfiera la salsa a un tazón; agregue ¾ de taza adicional de mango pelado y picado. (La salsa se puede preparar con 1 día de anticipación y enfriar. Llevar a temperatura ambiente antes de servir).

* Consejo: para el salmón cocido, precaliente el horno a 425 ° F. Coloque un filete de salmón de 8 onzas en una bandeja para hornear forrada con papel pergamino. Hornee de 6 a 8 minutos por cada ½ pulgada de grosor de pescado o hasta que el pescado se desmenuce fácilmente al probarlo con un tenedor.

JACKS DE MANZANA Y LINO

EMPEZAR A ACABAR: 30 minutos rinde: 4 porciones

ESTOS FLAPJACKS SIN HARINA SON CRUJIENTESPOR FUERA Y TIERNAS POR DENTRO. HECHOS CON MANZANA RALLADA Y SOLO UN POCO DE HARINA DE LINO Y HUEVO PARA UNIRLOS, SON UN REGALO PARA EL DESAYUNO QUE LOS NIÑOS (Y LOS ADULTOS TAMBIÉN) DEVORARÁN.

- 4 huevos grandes, ligeramente batidos
- 2 manzanas grandes sin pelar, sin corazón y finamente ralladas
- ½ taza de harina de lino
- ¼ de taza de nueces o nueces, finamente picadas
- 2 cucharaditas de cáscara de naranja finamente rallada
- 1 cucharadita de extracto puro de vainilla
- 1 cucharadita de cardamomo molido o canela
- 3 cucharadas de aceite de coco sin refinar
- ½ taza de mantequilla de almendras
- 2 cucharaditas de cáscara de naranja finamente rallada
- ¼ de cucharadita de cardamomo molido o canela

1. En un tazón grande combine los huevos, las manzanas ralladas, la harina de lino, las nueces, la cáscara de naranja, la vainilla y 1 cucharadita de cardamomo. Revuelva hasta que esté bien combinado. Deje reposar la masa de 5 a 10 minutos para que espese.

2. En una plancha o sartén, derrita 1 cucharada de aceite de coco a fuego medio. Para cada Apple-Flax Jack, coloque aproximadamente ⅓ de taza de masa en la plancha, esparciendo un poco. Cocine a fuego medio durante 3 a 4 minutos por cada lado o hasta que las galletas estén doradas.

3. Mientras tanto, en un tazón pequeño apto para microondas, caliente la mantequilla de almendras a fuego lento hasta que se pueda untar. Sirva encima de Apple-Flax Jacks y espolvoree con cáscara de naranja y cardamomo adicional.

PALEO GRANOLA DE NARANJA Y JENGIBRE

DEBERES: 15 minutos de cocción: 5 minutos de reposo: 4 minutos de horneado: 27 minutos de enfriamiento: 30 minutos rinde: 8 porciones (½ taza)

ESTE "CEREAL" CRUJIENTE DE NUECES Y FRUTOS SECOS ES DELICIOSO CUBIERTO CON LECHE DE ALMENDRAS O COCO Y SE COME CON UNA CUCHARA, PERO TAMBIÉN ES UN EXCELENTE DESAYUNO PARA LLEVAR O BOCADILLO SECO.

⅔ taza de jugo de naranja natural
1 ½ pulgada de jengibre fresco, pelado y en rodajas finas
1 cucharadita de hojas de té verde
2 cucharadas de aceite de coco sin refinar
1 taza de almendras crudas picadas en trozos grandes
1 taza de nueces de macadamia crudas
1 taza de pistachos crudos sin cáscara
½ taza de chips de coco sin azúcar
¼ de taza de albaricoques secos sin azufre y sin azúcar picados
2 cucharadas de higos secos, secos, sin azufre y sin azúcar, picados
2 cucharadas de pasas doradas sin azufre y sin azúcar
Leche de almendras sin azúcar o leche de coco

1. Precaliente el horno a 325 ° F. En una cacerola pequeña calentar el jugo de naranja hasta que hierva. Agrega rodajas de jengibre. Hervir suavemente, sin tapar, durante unos 5 minutos o hasta que se reduzca a aproximadamente ⅓ de taza. Retirar del fuego; agregue hojas de té verde. Cubra y deje reposar durante 4 minutos. Colar la mezcla de jugo de naranja a través de un colador de malla fina. Deseche las hojas de té y las rodajas de jengibre. Agregue aceite de coco a la mezcla de jugo de naranja caliente y revuelva hasta que se derrita. En un tazón grande combine las almendras,

las nueces de macadamia y los pistachos. Agrega la mezcla de jugo de naranja; revuelva para cubrir. Extienda uniformemente en una bandeja para hornear grande con borde.

2. Hornee, sin tapar, durante 15 minutos, revolviendo a la mitad del tiempo de horneado. Agrega los chips de coco; revuelva la mezcla y extienda a una capa uniforme. Hornee de 12 a 15 minutos más o hasta que las nueces estén tostadas y doradas, revolviendo una vez. Agregue albaricoques, higos y pasas; revuelva hasta que esté bien combinado. Unte la granola sobre un trozo grande de papel de aluminio o una bandeja para hornear con borde limpio; enfriar completamente. Sirve con leche de almendras o coco.

Para almacenar: Coloque la granola en un recipiente hermético; guárdelo a temperatura ambiente hasta por 2 semanas o en el congelador por hasta 3 meses.

MELOCOTONES Y BAYAS GUISADOS CON CRUJIENTE DE COCO Y ALMENDRAS TOSTADAS

DEBERES: 20 minutos de horneado: 1 hora de cocción: 10 minutos rinde: 4 a 6 porciones

GUARDA ESTO PARA LA TEMPORADA DE DURAZNOS— GENERALMENTE A FINALES DE JULIO, AGOSTO Y PRINCIPIOS DE SEPTIEMBRE EN LA MAYOR PARTE DEL PAÍS— CUANDO LOS MELOCOTONES SON MÁS DULCES Y JUGOSOS. ESTO ES UN DESAYUNO MARAVILLOSO, PERO TAMBIÉN SE PUEDE DISFRUTAR COMO POSTRE.

- 6 duraznos maduros
- ½ taza de duraznos secos sin azúcar ni azufre, finamente picados *
- ¾ taza de jugo de naranja natural
- ¼ de taza de aceite de coco sin refinar
- ½ cucharadita de canela molida
- 1 taza de hojuelas de coco sin azúcar
- 1 taza de almendras crudas picadas en trozos grandes
- ¼ de taza de semillas de girasol crudas sin sal
- 1 cucharada de jugo de limón fresco
- 1 vaina de vainilla, partida y semillas raspadas
- 1 taza de frambuesas, arándanos, moras y / o fresas picadas en trozos grandes

1. En una cacerola grande, ponga a hervir 8 tazas de agua. Con un cuchillo afilado, corte una X poco profunda en la parte inferior de cada melocotón. Sumerja los duraznos, dos a la vez, en agua hirviendo durante 30 a 60 segundos o hasta que la piel comience a partirse. Con una espumadera, transfiera los duraznos a un tazón grande con agua helada. Cuando esté lo suficientemente frío como para manipularlo, use un cuchillo o los dedos para pelar la piel;

desechar las pieles. Cortar los melocotones en gajos, descartando los huesos; dejar de lado.

2. Precaliente el horno a 250 ° F. Cubra una bandeja para hornear grande con papel pergamino. En un procesador de alimentos o licuadora, combine 1 taza de las rodajas de durazno, los duraznos secos, ¼ de taza de jugo de naranja, el aceite de coco y la canela. Cubra y procese o mezcle hasta que quede suave; dejar de lado.

3. En un tazón grande combine las hojuelas de coco, las almendras y las semillas de girasol. Agregue la mezcla de puré de durazno. Mezcle para cubrir. Transfiera la mezcla de nueces a la bandeja para hornear preparada, esparciendo uniformemente. Hornee durante 60 a 75 minutos o hasta que esté seco y crujiente, revolviendo ocasionalmente. (Tenga cuidado de no quemarse; la mezcla se volverá más crujiente a medida que se enfríe).

4. Mientras tanto, coloque las rodajas de durazno restantes en una cacerola mediana. Agregue la ½ taza restante de jugo de naranja, el jugo de limón y la vaina de vainilla partida (con semillas). Llevar a ebullición a fuego medio, revolviendo ocasionalmente. Reduzca el fuego a bajo; cocine a fuego lento, sin tapar, durante 10 a 15 minutos o hasta que espese, revolviendo ocasionalmente. Retire la vaina de vainilla. Agregue las bayas. Cocine de 3 a 4 minutos o solo hasta que las bayas estén calientes.

5. Para servir, vierta duraznos guisados en tazones. Espolvorea cada porción con la mezcla de nueces.

* Nota: Si no puede encontrar duraznos secos sin azufre, puede usar ⅓ taza de albaricoques secos sin azufre, picados.

BATIDOS ENERGÉTICOS DE FRESA Y MANGO

DEBERES: 15 minutos de cocción: 30 minutos rinde: 4 porciones (aproximadamente 8 onzas)

LA REMOLACHA EN ESTA BEBIDA DE DESAYUNO.LE DA UN REFUERZO DE VITAMINAS Y MINERALES Y UN MAGNÍFICO TONO ROJO. LA CLARA DE HUEVO EN POLVO PROPORCIONA PROTEÍNAS Y SE BATE A MEDIDA QUE SE MEZCLA LA BEBIDA, PARA OBTENER UN BATIDO MÁS LIGERO Y ESPUMOSO.

1 remolacha roja mediana, pelada y cortada en cuartos (alrededor de 4 onzas)
2½ tazas de fresas frescas peladas
1½ tazas de trozos de mango sin azúcar congelados *
1¼ tazas de leche de coco sin azúcar o leche de almendras
¼ de taza de jugo de granada sin azúcar
¼ taza de mantequilla de almendras sin sal
2 cucharaditas de clara de huevo en polvo

1. En una cacerola mediana cocine la remolacha, tapada, en una pequeña cantidad de agua hirviendo durante 30 a 40 minutos ** o hasta que esté muy tierna. Escurrir la remolacha; deje correr agua fría sobre la remolacha para que se enfríe rápidamente. Escurrir bien.

2. En una licuadora combine la remolacha, las fresas, los trozos de mango, la leche de coco, el jugo de granada y la mantequilla de almendras. Cubra y mezcle hasta que quede suave, deteniéndose para raspar los lados de la licuadora según sea necesario. Agrega la clara de huevo en polvo. Cubra y mezcle hasta que esté combinado.

* Nota: Para congelar trozos de mango fresco, coloque el mango cortado en una sola capa en una bandeja para hornear de 15 × 10 × 1 pulgada forrada con papel encerado. Cubra sin apretar y congele

durante varias horas o hasta que esté muy firme. Transfiera los trozos de mango congelados a un recipiente hermético; congelar hasta por 3 meses.

** Nota: La remolacha se puede cocinar hasta con 3 días de anticipación. Deje enfriar la remolacha por completo. Almacene en un recipiente herméticamente cerrado en el refrigerador.

BATIDOS DE DÁTILES

EMPEZAR A ACABAR: 10 minutos rinden: 2 (aproximadamente 8 onzas) porciones

ESTA ES UNA VERSIÓN PALEOLOS CREMOSOS BATIDOS DE DÁTILES HECHOS GENERALMENTE CON HELADO QUE HAN SIDO POPULARES EN EL SUR DE CALIFORNIA DESDE LA DÉCADA DE 1930. CON DÁTILES, PLÁTANO CONGELADO, MANTEQUILLA DE ALMENDRAS, LECHE DE ALMENDRAS Y CLARA DE HUEVO EN POLVO, ESTA VERSIÓN ES DECIDIDAMENTE MÁS NUTRITIVA. PARA UNA VERSIÓN DE CHOCOLATE, AGREGUE 1 CUCHARADA DE CACAO EN POLVO SIN AZÚCAR.

⅓ taza de dátiles Medjool picados y sin hueso
1 taza de leche de coco o almendras sin azúcar (con vainilla si lo desea)
1 plátano maduro, congelado y en rodajas
2 cucharadas de mantequilla de almendras
1 cucharada de clara de huevo en polvo
1 cucharada de cacao en polvo sin azúcar (opcional)
½ cucharadita de jugo de limón fresco
⅛ a ¼ de cucharadita de nuez moscada molida *

1. En un tazón pequeño, combine los dátiles y ½ taza de agua. Cocine en el microondas a temperatura alta durante 30 segundos o hasta que los dátiles se ablanden; escurrir el agua.

2. En una licuadora, combine los dátiles, la leche de almendras, las rodajas de plátano, la mantequilla de almendras, la clara de huevo en polvo, el cacao en polvo (si se usa), el jugo de limón y la nuez moscada. Cubra y mezcle hasta que quede suave.

* Consejo: si usa cacao en polvo, use ¼ de cucharadita de nuez moscada molida.

POPPERS DE JALAPEÑO RELLENOS DE CHORIZO

DEBERES: 30 minutos de horneado: 25 minutos hace: 12 aperitivos

UN CHORRITO DE CREMA DE ANACARDO Y CILANTRO Y LIMA ENFRÍA EL FUEGO DE ESTOS BOCADILLOS PICANTES. PARA UN SABOR MÁS SUAVE, SUSTITUYA LOS JALAPEÑOS POR 6 PIMIENTOS DULCES EN MINIATURA, SIN TALLO, SIN SEMILLAS Y CORTADOS POR LA MITAD VERTICALMENTE.

- 2 cucharaditas de chile ancho en polvo *
- 1½ cucharaditas de ajo granulado sin conservantes
- 1½ cucharaditas de comino molido
- ¾ cucharadita de orégano seco
- ¾ cucharadita de cilantro molido
- ½ cucharadita de pimienta negra
- ¼ de cucharadita de canela molida
- ⅛ cucharadita de clavo molido
- 12 onzas de carne de cerdo molida
- 2 cucharadas de vinagre de vino tinto
- 6 chiles jalapeños grandes, cortados por la mitad horizontalmente y sin semillas ** (deje los tallos intactos si es posible)
- ½ taza de crema de anacardos (ver receta)
- 1 cucharada de cilantro fresco finamente picado
- 1 cucharadita de cáscara de lima finamente rallada

1. Precaliente el horno a 400 ° F.

2. Para el chorizo, en un tazón pequeño combine el chile en polvo, el ajo, el comino, el orégano, el cilantro, la pimienta negra, la canela y los clavos. Coloque la carne de cerdo en un tazón mediano. Rómpalo suavemente con las manos. Espolvoree la mezcla de condimentos sobre la carne de cerdo; agregue vinagre. Trabaje

suavemente la mezcla de carne hasta que los condimentos y el vinagre estén distribuidos uniformemente.

3. Rellene el chorizo en mitades de jalapeño, dividiendo uniformemente y formando un poco (el chorizo se encogerá a medida que se cocine). Coloque las mitades de jalapeños rellenos en una bandeja para hornear grande con borde. Hornee durante 25 a 30 minutos o hasta que el chorizo esté bien cocido.

4. Mientras tanto, en un tazón pequeño combine la crema de anacardos, el cilantro y la cáscara de lima. Rocíe los jalapeños rellenos con la mezcla de crema de anacardos antes de servir.

* Nota: Si lo desea, sustituya el chile ancho en polvo por 2 cucharadas de pimentón y ¼ de cucharadita de cayena molida.

** Consejo: los chiles contienen aceites que pueden quemar la piel, los ojos y el tejido sensible de la nariz. Evite el contacto directo con los lados cortados y las semillas de los chiles tanto como sea posible. Si sus manos desnudas tocan cualquiera de esas partes de los pimientos, lávese bien las manos con agua tibia y jabón.

BOCADITOS DE REMOLACHA ASADA CON UN CHORRITO DE NARANJA Y NUEZ

DEBERES: 20 minutos de horneado: 40 minutos de marinado: 8 horas rinde: 12 porciones

EL ACEITE DE NUEZ NUNCA DEBE USARSE PARA COCINAR. CUANDO SE CALIENTA, SU ALTA CONCENTRACIÓN DE GRASAS POLIINSATURADAS LO HACE SUSCEPTIBLE A LA OXIDACIÓN Y DEGRADACIÓN, PERO ES PERFECTAMENTE MARAVILLOSO SI SE USA EN PLATOS QUE SE SIRVEN FRÍOS OA TEMPERATURA AMBIENTE, COMO ESTE.

3 remolachas grandes, cortadas y peladas (aproximadamente 1 libra)

1 cucharada de aceite de oliva

¼ de taza de aceite de nuez

1½ cucharaditas de cáscara de naranja finamente rallada

¼ de taza de jugo de naranja natural

2 cucharaditas de jugo de limón fresco

2 cucharadas de nueces finamente picadas, tostadas *

1. Precaliente el horno a 425 ° F. Corta cada remolacha en 8 gajos. (Si las remolachas son más pequeñas, córtelas en gajos de ½ pulgada. Usted quiere alrededor de 24 gajos en total). Coloque las remolachas en una fuente para hornear de 2 cuartos de galón; rocíe con el aceite de oliva y revuelva para cubrir. Cubra el plato con papel de aluminio. Hornee, tapado, durante 20 minutos. Revuelva las remolachas y ase, sin tapar, unos 20 minutos más o hasta que las remolachas estén tiernas. Deje enfriar un poco.

2. Mientras tanto, para la marinada, en un tazón pequeño combine el aceite de nuez, la cáscara de naranja, el jugo de naranja y el jugo

de limón. Vierta la marinada sobre las remolachas; cubra y refrigere por 8 horas o toda la noche. Escurre la marinada.

3. Coloque las remolachas en un tazón para servir y espolvoree con las nueces tostadas. Sirve con palillos.

* Consejo: para tostar nueces, extiéndalas en una bandeja para hornear poco profunda. Hornee en un horno a 350 ° F durante 5 a 10 minutos o hasta que esté ligeramente dorado, agitando el molde una o dos veces. Mire con cuidado para que no se quemen.

TAZAS DE COLIFLOR CON PESTO DE HIERBAS Y CORDERO

DEBERES: 45 minutos de cocción: 15 minutos de horneado: 10 minutos rinde: 6 porciones

LAS COPAS DE COLIFLOR SON MUY LIGERAS. Y TIERNA. ES POSIBLE QUE DESEE SERVIR ESTOS SABROSOS BOCADILLOS CON TENEDORES PARA QUE LOS INVITADOS PUEDAN TOMAR HASTA EL ÚLTIMO BOCADO Y MANTENER INTACTOS SUS MODALES.

- 2 cucharadas de aceite de coco refinado, derretido
- 4 tazas de coliflor fresca picada en trozos grandes
- 2 huevos grandes
- ½ taza de harina de almendras
- ¼ de cucharadita de pimienta negra
- 4 cebolletas
- 12 onzas de cordero molido o cerdo molido
- 3 dientes de ajo picados
- 12 tomates cherry o uva, en cuartos
- 1 cucharadita de condimento mediterráneo (ver receta)
- ¾ taza de cilantro fresco bien compactado
- ½ taza de perejil fresco bien compactado
- ¼ de taza de menta fresca bien compactada
- ⅓ taza de piñones tostados (ver inclinar)
- ¼ taza de aceite de oliva

1. Precaliente el horno a 425 ° F. Unte el fondo y los lados de doce moldes para muffins de 2½ pulgadas con aceite de coco. Dejar de lado. Coloque la coliflor en un procesador de alimentos. Cubra y presione hasta que la coliflor esté finamente picada pero no hecha puré. Llene una sartén grande con agua hasta una profundidad de 1 pulgada; llevar a ebullición. Coloque una canasta vaporera en una sartén sobre agua. Agregue la coliflor a la canasta vaporera.

Tape y cocine al vapor durante 4 a 5 minutos o hasta que estén tiernos. Retire la canasta vaporera con coliflor de la sartén y colóquela sobre un plato grande. Deje que la coliflor se enfríe un poco.

2. En un tazón grande, bata ligeramente los huevos con un batidor. Agregue la coliflor enfriada, la harina de almendras y la pimienta. Vierta la mezcla de coliflor de manera uniforme en los moldes para muffins preparados. Con los dedos y el dorso de una cuchara, presione la coliflor contra el fondo y los lados de las tazas.

3. Hornee las tazas de coliflor durante 10 a 15 minutos o hasta que las tazas de coliflor estén ligeramente doradas y los centros estén firmes. Colocar sobre una rejilla pero no sacar de la sartén.

4. Mientras tanto, corte las cebolletas en rodajas finas, manteniendo la parte inferior blanca separada de la parte superior verde. En una sartén grande, cocine el cordero, las rodajas de fondo blanco de las cebolletas y el ajo a fuego medio-alto hasta que la carne esté bien cocida, revolviendo con una cuchara de madera para desmenuzar la carne mientras se cocina. Escurre la grasa. Agregue las partes verdes de cebolletas, tomates y condimento mediterráneo. Cocine y revuelva durante 1 minuto. Vierta la mezcla de cordero de manera uniforme en tazas de coliflor.

5. Para el pesto de hierbas, en un procesador de alimentos combine el cilantro, el perejil, la menta y los piñones. Tape y procese hasta que la mezcla esté finamente picada. Con el procesador en funcionamiento, agregue lentamente aceite a través del tubo de alimentación hasta que la mezcla esté bien combinada.

6. Pase un cuchillo fino y afilado alrededor de los bordes de las tazas de coliflor. Retire con cuidado las tazas de la sartén y

colóquelas en una fuente para servir. Coloque el pesto de hierbas sobre las tazas de coliflor.

ADEREZO DE ALCACHOFA DE ESPINACA

EMPEZAR A ACABAR: 20 minutos rinde: 6 porciones

PARECE QUE CASI TODAS LAS FIESTAS INCLUYE ALGUNA VERSIÓN DE SALSA DE ESPINACAS Y ALCACHOFAS EN LA MESA, CALIENTE O FRÍA, PORQUE A LA GENTE LE ENCANTA. DESAFORTUNADAMENTE, LAS VERSIONES FABRICADAS COMERCIALMENTE, E INCLUSO LA MAYORÍA DE LAS VERSIONES CASERAS, NO LE DEVUELVEN EL AMOR. ESTE LO HACE.

- 1 cucharada de aceite de oliva virgen extra
- 1 taza de cebolla dulce picada
- 3 dientes de ajo picados
- 1 caja de 9 onzas de corazones de alcachofa congelados, descongelados
- ¾ taza de Paleo Mayo (ver receta)
- ¾ taza de crema de anacardos (ver receta)
- ½ cucharadita de cáscara de limón finamente rallada
- 2 cucharaditas de jugo de limón fresco
- 2 cucharaditas de condimento ahumado (ver receta)
- 2 cajas de 10 onzas de espinacas congeladas picadas, descongeladas y bien escurridas
- Verduras cortadas variadas como pepinos, zanahorias y pimientos rojos dulces

1. En una sartén grande, caliente el aceite de oliva a fuego medio. Agrega la cebolla; cocine y revuelva unos 5 minutos o hasta que esté transparente. Agrega el ajo; cocine por 1 minuto.

2. Mientras tanto, coloque las alcachofas escurridas en un procesador de alimentos equipado con la cuchilla para picar / mezclar. Tapa y pulsa hasta que esté finamente picado; dejar de lado.

3. En un tazón pequeño combine la Paleo Mayo y la Crema de anacardos. Agregue la cáscara de limón, el jugo de limón y el condimento ahumado; dejar de lado.

4. Agregue las alcachofas picadas y las espinacas a la mezcla de cebolla en la sartén. Agregue la mezcla de mayonesa; calor a través. Sirva con verduras cortadas en trozos.

ALBÓNDIGAS ASIÁTICAS CON SALSA DE ANÍS ESTRELLADO

DEBERES: 30 minutos de cocción: 5 minutos por lote rinde: 8 porciones

PARA ESTA RECETA, NECESITA EL TALLOS Y COSTILLAS DE 1 MANOJO DE HOJAS DE MOSTAZA. HÁGALO AL MISMO TIEMPO QUE HACE CHIPS VERDE MOSTAZA CON MOTAS DE SÉSAMO (VER<u>RECETA</u>) O COMIENCE CON UN MANOJO DE HOJAS DE MOSTAZA Y CORTE LAS HOJAS MÁS PEQUEÑAS JUNTO CON LOS TALLOS Y LAS COSTILLAS PARA LAS ALBÓNDIGAS, Y GUARDE LAS HOJAS MÁS GRANDES PARA SOFREÍRLAS CON AJO PARA UN ACOMPAÑAMIENTO RÁPIDO.

Tallos y costillas de 1 manojo de hojas de mostaza
1 pieza de jengibre fresco de 6 pulgadas, pelado y en rodajas
12 onzas de carne de cerdo molida
12 onzas de pavo molido (carne oscura y blanca)
½ cucharadita de pimienta negra
4 tazas de caldo de hueso de res (ver <u>receta</u>) o caldo de res sin sal agregada
2 anís estrellado
½ taza de cebolletas finamente picadas
3 cucharaditas de cáscara de naranja finamente rallada
2 cucharadas de vinagre de sidra de manzana
1 cucharadita de aceite de chile picante (ver <u>receta</u>, a continuación) (opcional)
8 hojas de col de col rizada
1 cucharada de cebolletas finamente picadas
2 cucharaditas de pimiento rojo triturado

1. Pique en trozos grandes los tallos y las costillas de las hojas de mostaza; colocar en un procesador de alimentos. Cubra y procese hasta que esté finamente picado. (Debe tener 2 tazas). Coloque en un tazón grande. Coloque el jengibre en rodajas en el procesador

de alimentos; cubra y procese hasta que esté picado. Agregue ¼ de taza de jengibre picado, cerdo molido, pavo molido y pimienta negra al tazón. Mezcle ligeramente hasta que esté bien combinado. Forme 32 mini albóndigas con la mezcla de carne usando aproximadamente 1 cucharada de mezcla de carne por cada albóndiga.

2. Para la salsa de anís estrellado, en una cacerola mediana combine 2 cucharadas del jengibre picado reservado, 2 tazas de caldo de hueso de res, 1 anís estrellado, ¼ de taza de cebolletas, 2 cucharaditas de cáscara de naranja, el vinagre de sidra de manzana y, si lo desea, Aceite de Chile Caliente. Llevar a ebullición; reducir el calor. Cocine a fuego lento, tapado, mientras cocina las albóndigas.

3. Mientras tanto, en otra cacerola mediana combine las 2 cucharadas restantes de jengibre picado, 2 tazas de caldo, 1 anís estrellado, ¼ de taza de cebolletas y 1 cucharadita de cáscara de naranja. Llevar a ebullición; agregue tantas albóndigas como floten en el líquido de cocción sin que se abarroten. Cocine las albóndigas durante 5 minutos; quitar con una espumadera. Mantenga calientes las albóndigas cocidas en un tazón para servir mientras cocina las albóndigas restantes. Deseche el líquido de cocción.

4. Retire la salsa para mojar del fuego. Colar y desechar los sólidos.

5. Para servir, coloque una hoja de col en un plato de aperitivo y coloque 4 albóndigas en cada hoja. Rocíe con salsa tibia; espolvorear con cebolletas y pimiento rojo triturado.

Aceite de Chile Caliente: En una cacerola pequeña caliente 2 cucharadas de aceite de girasol a fuego medio; agregue 2 cucharaditas de pimiento rojo triturado y 2 chiles anchos secos enteros. Cocine por 1 minuto o solo hasta que los chiles comiencen a chisporrotear (no deje que se doren o debe comenzar de nuevo). Agregue ¾ taza de aceite de girasol; caliente hasta que esté bien caliente. Retírelo del calor; Dejar enfriar a temperatura ambiente. Colar el aceite a través de un colador de malla fina; deseche los chiles. Guarde el aceite en un recipiente hermético o frasco de vidrio en el refrigerador hasta por 3 semanas.

HUEVOS RELLENOS

EMPEZAR A ACABAR: 25 minutos rinde: 12 porciones

SI OPTA POR LOS HUEVOS RELLENOS DE WASABI, ASEGÚRESE DE BUSCAR UN POLVO DE WASABI QUE CONTENGA SOLO INGREDIENTES NATURALES, SIN SAL Y SIN COLORANTES ARTIFICIALES. EL WASABI ES UNA RAÍZ QUE SE RALLA Y SE USA FRESCA O SECA Y SE MUELE EN POLVO. SI BIEN EL POLVO DE WASABI 100% ES DIFÍCIL DE ENCONTRAR FUERA DE JAPÓN, Y ES MUY CARO, EXISTEN POLVOS DE WASABI DISPONIBLES COMERCIALMENTE QUE CONTIENEN SOLO WASABI, RÁBANO PICANTE Y MOSTAZA SECA.

6 huevos duros, pelados *

¼ taza de Paleo Mayo (ver receta)

1 cucharadita de mostaza estilo Dijon (ver receta)

1 cucharadita de vinagre de sidra o vinagre de vino blanco

½ cucharadita de pimienta negra

Pimentón ahumado o ramitas de perejil fresco

1. Corte los huevos por la mitad horizontalmente. Retire las yemas y colóquelas en un tazón mediano. Coloque las claras en una fuente para servir.

2. Con un tenedor, machaque las yemas. Agregue la Paleo Mayo, la mostaza estilo Dijon, el vinagre y la pimienta negra. Mezclar bien.

3. Con una cuchara, vierta la mezcla de yema en mitades de clara de huevo. Tape y enfríe hasta el momento de servir. Adorne con ramitas de pimentón o perejil.

Huevos rellenos de wasabi: Prepárelos como se indica, excepto que omita la mostaza estilo Dijon y use ¼ de taza más 1 cucharadita de Paleo Mayo. En un tazón pequeño, combine 1 cucharadita de wasabi en polvo y 1 cucharadita de agua para hacer una pasta. Agregue la mezcla de yema, junto con ¼ de taza de cebolletas en rodajas finas. Adorne con cebolletas en rodajas.

Huevos rellenos con chipotle: Prepare como se indica, excepto que agregue ¼ de taza de cilantro finamente picado, 2 cucharadas de cebolla morada finamente picada y ½ cucharadita de chile chipotle molido en la mezcla de yemas. Espolvoree con chile chipotle molido adicional.

Huevos rellenos de aguacate-Ranch: Reduzca la mayonesa Paleo a 2 cucharadas y omita la mostaza estilo Dijon y el vinagre. Mezcle ¼ de taza de aguacate triturado, 2 cucharadas de cebollino fresco picado, 1 cucharada de jugo de limón fresco, 1 cucharada de perejil picado, 1 cucharadita de eneldo picado, ½ cucharadita de cebolla en polvo y ¼ de cucharadita de ajo en polvo en la mezcla de yemas. Adorne con cebollino finamente picado.

* Consejo: para cocinar huevos duros, coloque los huevos en una sola capa en una cacerola grande. Cubra con agua fría por 1 pulgada. Llevar a ebullición a fuego alto. Retírelo del calor. Cubra y deje reposar por 15 minutos; drenar. Deje correr agua fría sobre los huevos; escurrir de nuevo.

ROLLOS DE BERENJENA ASADA Y ROMESCO

DEBERES: 45 minutos asar: 10 minutos hornear: 15 minutos hace: aproximadamente 24 panecillos

ROMESCO ES UNA SALSA ESPAÑOLA TRADICIONALMENTE ELABORADO CON PIMIENTOS ROJOS ASADOS EN PURÉ CON TOMATE, ACEITE DE OLIVA, ALMENDRAS Y AJO. ESTA RECETA RINDE APROXIMADAMENTE 2½ TAZAS DE SALSA. GUARDE CUALQUIER SALSA SOBRANTE EN UN RECIPIENTE HERMÉTICAMENTE CERRADO EN EL REFRIGERADOR HASTA POR 1 SEMANA. ÚSELO EN CARNES, AVES, PESCADO O VERDURAS ASADOS O A LA PARRILLA.

    3 pimientos rojos, cortados por la mitad, sin tallos y sin semillas
    4 tomates roma, sin corazón
    1 berenjena de 1 libra, con las puntas recortadas
    ½ taza de aceite de oliva virgen extra
    1 cucharada de condimento mediterráneo (ver receta)
    ¼ de taza de almendras tostadas (ver inclinar)
    3 cucharadas de vinagreta de ajo asado (ver receta)
    Aceite de oliva virgen extra

1. Para la salsa romesco, precaliente el asador con la parrilla del horno colocada de 4 a 5 pulgadas del elemento calefactor. Cubra una bandeja para hornear con borde con papel de aluminio. Coloque los pimientos dulces con los lados cortados hacia abajo y los tomates en la bandeja para hornear preparada. Ase unos 10 minutos o hasta que la piel se ennegrezca. Retire la bandeja para hornear del asador y envuelva las verduras en el papel de aluminio; dejar de lado.

2. Disminuya la temperatura del horno a 400 ° F. Con una mandolina o rebanador, corte la berenjena a lo largo en rodajas de ¼ de pulgada. (Debe tener entre 12 y 14 rebanadas). Cubra dos bandejas para hornear con papel de aluminio; coloque las rodajas de berenjena en una sola capa sobre las bandejas para hornear preparadas. Unte ambos lados de las rodajas de berenjena con aceite de oliva; espolvorear con condimento mediterráneo. Hornee unos 15 minutos o hasta que estén tiernos, volteando las rodajas una vez. Ponga la berenjena horneada a un lado para que se enfríe.

3. En un procesador de alimentos combine los pimientos y tomates asados, las almendras y la vinagreta de ajo asado. Cubra y procese hasta que quede suave, agregando aceite de oliva adicional según sea necesario para hacer una salsa suave.

4. Unte cada rebanada de berenjena asada con aproximadamente 1 cucharadita de salsa romesco. Comenzando por el extremo corto de las rodajas de berenjena asadas, enrolle cada rodaja en espiral y córtela por la mitad transversalmente. Asegure cada rollo con un palillo de madera.

WRAPS DE CARNE Y VERDURAS

EMPEZAR A ACABAR: 15 minutos rinde: 6 porciones (12 envolturas)

ESTOS PANECILLOS CRUJIENTES SON ESPECIALMENTE BUENOS HECHO CON LAS SOBRAS DE SOLOMILLO DE TERNERA ASADO A FUEGO LENTO (VER RECETA). ENFRIAR LA CARNE ANTES DE CORTARLA AYUDA A QUE SE CORTE DE FORMA MÁS LIMPIA, DE MODO QUE PUEDA OBTENER LAS REBANADAS DE CARNE LO MÁS FINAS POSIBLE.

- 1 pimiento rojo pequeño, sin tallos, cortado a la mitad y sin semillas
- 2 pedazos de pepino inglés de 3 pulgadas, cortados por la mitad a lo largo y sin semillas
- 2 piezas de zanahoria de 3 pulgadas, peladas
- ½ taza de brotes de rábano daikon
- 1 libra de solomillo de rosbif sobrante u otro rosbif sobrante, refrigerado
- 1 aguacate, pelado, sin semillas y cortado en 12 rodajas
- Salsa chimichurri (ver receta)

1. Corte el pimiento rojo, el pepino y la zanahoria en trozos largos del tamaño de una cerilla.

2. Corte el rosbif en rodajas finas (necesitará 12 rodajas). Si es necesario, corte las rebanadas para hacer trozos de aproximadamente 4 × 2 pulgadas. Para cada envoltura, en una superficie de trabajo limpia y seca, coloque 4 rebanadas de carne en una sola capa. En el centro de cada pieza coloque una rodaja de aguacate, un trozo de pimiento rojo, un trozo de pepino, un trozo de zanahoria y algunos de los brotes. Enrolle la carne sobre las verduras. Coloque las envolturas en una bandeja, con los lados de la costura hacia abajo (asegure las envolturas con palillos de dientes si es necesario). Repita dos veces para hacer 12 vueltas en total. Sirva con salsa chimichurri para mojar.

BOCADITOS DE ESCALOPINA Y ESCAROLA DE AGUACATE

EMPEZAR A ACABAR: 25 minutos hace: 24 aperitivos

LAS HOJAS DE ENDIVIAS SON EXCELENTES CUCHARADAS PARA COMER SIN TENEDOR TODO TIPO DE RELLENOS. AQUÍ, TIENEN UN CONDIMENTO CÍTRICO DE AGUACATE Y PIMIENTO DULCE CUBIERTO CON VIEIRAS CAJÚN CHAMUSCADAS RÁPIDAMENTE. EL RESULTADO ES A LA VEZ CREMOSO Y CRUJIENTE, FRESCO Y CALIENTE.

1 libra de vieiras frescas o congeladas

1 a 2 cucharaditas de condimento cajún (ver receta)

24 hojas de escarola de tamaño mediano a grande (de 3 a 4 cabezas de endivia) *

1 aguacate maduro, pelado, sin semillas y picado

1 pimiento rojo o naranja, finamente picado

2 cebollas verdes picadas

2 cucharadas de vinagreta de cítricos brillante (ver receta) o jugo de lima fresco

1 cucharada de aceite de oliva virgen extra

1. Descongele las vieiras, si están congeladas. Enjuague las vieiras y séquelas con toallas de papel. En un tazón mediano, mezcle las vieiras con el condimento cajún; dejar de lado.

2. Coloque las hojas de endivias en una fuente grande. En un tazón mediano, mezcle suavemente el aguacate, el pimiento dulce, las cebollas verdes y la vinagreta de cítricos brillantes. Vierta sobre las hojas de escarola.

3. En una sartén grande, caliente el aceite de oliva a fuego medio-alto. ** Agregue las vieiras; cocine de 1 a 2 minutos o hasta que esté opaco, revolviendo con frecuencia. Coloque las vieiras sobre la

mezcla de aguacate en hojas de endivias. Sirva inmediatamente o cubra y enfríe por hasta 2 horas. Rinde 24 aperitivos.

* Nota: Reserve las hojas más pequeñas para picarlas y mezclarlas con una ensalada.

** Nota: Las vieiras tienen una textura delicada y se pueden pegar fácilmente cuando se cocinan. Una sartén de hierro fundido bien sazonada tiene una superficie antiadherente que es una excelente opción para este trabajo.

CHIPS VERDE MOSTAZA CON MANCHAS DE SÉSAMO

DEBERES: 10 minutos de horneado: 20 minutos rinde: 4 a 6 porciones

ESTOS SON SIMILARES A LOS CHIPS DE COL RIZADA CRUJIENTEPERO MÁS DELICADO. PARA MANTENERLOS CRUJIENTES, GUÁRDELOS EN UNA BOLSA DE PAPEL ENROLLADA Y NO EN UN RECIPIENTE HERMÉTICAMENTE CERRADO, LO QUE HARÁ QUE SE MARCHITEN.

> 1 manojo de hojas de mostaza, sin tallos ni costillas *
> 2 cucharadas de aceite de oliva virgen extra
> 2 cucharaditas de semillas de sésamo blanco
> 1 cucharadita de semillas de sésamo negro

1. Precaliente el horno a 300 ° F. Forre dos moldes para hornear de 15 × 10 × 1 pulgada con papel pergamino.

2. Corte las hojas de mostaza en trozos pequeños. En un tazón grande combine las verduras y el aceite de oliva. Mezcle para cubrir, frotando suavemente el aceite sobre la superficie de las hojas. Espolvorea con semillas de sésamo; revuelva ligeramente para cubrir.

3. Coloque las hojas de mostaza en una sola capa sobre los moldes para hornear preparados. Hornee unos 20 minutos o hasta que se oscurezca y esté crujiente, volteando una vez. Sirva inmediatamente o guarde las papas fritas enfriadas en una bolsa de papel hasta por 3 días.

* Nota: Los tallos y las costillas se pueden usar para hacer las albóndigas asiáticas con salsa de anís estrellado (ver <u>receta</u>).

PEPITAS ASADAS PICANTES

DEBERES: 5 minutos de horneado: 20 minutos rinde: 2 tazas

ESTAS SON SOLO LAS COSAS PARA MASTICARCUANDO TIENES HAMBRE Y ESTÁS PREPARANDO LA CENA. LAS PEPITAS SON SEMILLAS DE CALABAZA SIN CÁSCARA, PERO PUEDES SUSTITUIRLAS POR NUECES COMO ALMENDRAS O NUECES SI LO PREFIERES.

- 1 clara de huevo
- 2 cucharaditas de jugo de lima fresco
- 1 cucharadita de comino molido
- ½ cucharadita de chile en polvo sin sal agregada
- ½ cucharadita de pimentón ahumado
- ½ cucharadita de pimienta negra
- ¼ de cucharadita de pimienta de cayena
- ¼ de cucharadita de canela molida
- 2 tazas de pepitas crudas (semillas de calabaza sin cáscara)

1. Precaliente el horno a 350 ° F. Cubra una bandeja para hornear con papel pergamino; dejar de lado.

2. En un tazón mediano, bata la clara de huevo hasta que esté espumosa. Agregue jugo de limón, comino, chile en polvo, pimentón, pimienta negra, pimienta de cayena y canela. Batir hasta que esté bien combinado. Agrega las pepitas. Revuelva hasta que todas las pepitas estén bien cubiertas. Extienda las pepitas de manera uniforme en la bandeja para hornear preparada.

3. Hornee unos 20 minutos o hasta que estén dorados y crujientes, revolviendo con frecuencia. Mientras las pepitas aún estén calientes, separe los grumos.

4. Deje enfriar completamente. Almacene en un recipiente hermético a temperatura ambiente hasta por 1 semana.

NUECES DE HIERBAS Y CHIPOTLE

DEBERES: 10 minutos de horneado: 12 minutos rinde: 4 a 6 porciones (2 tazas)

LOS CHILES CHIPOTLE SON JALAPEÑOS SECOS Y AHUMADOS. AUNQUE SE HAN VUELTO MUY POPULARES COMERCIALMENTE ENLATADOS EN SALSA DE ADOBO, QUE CONTIENE AZÚCAR, SAL Y ACEITE DE SOYA, EN SU FORMA MÁS PURA, NO HAY INGREDIENTES MÁS QUE LOS PROPIOS CHILES. PROPORCIONAN UN SABOR MARAVILLOSO Y AHUMADO A LOS ALIMENTOS.

- 1 clara de huevo
- 2 cucharadas de aceite de oliva virgen extra
- 2 cucharaditas de tomillo fresco cortado en tiras
- 1 cucharadita de romero fresco cortado en tiras
- 1 cucharadita de chile chipotle molido
- 1 cucharadita de cáscara de naranja finamente rallada
- 2 tazas de nueces enteras sin sal (almendras, nueces, nueces y / o anacardos)

1. Precaliente el horno a 350 ° F. Cubra un molde para hornear de 15 × 10 × 1 pulgada con papel de aluminio; dejar la sartén a un lado

2. En un tazón mediano, bata la clara de huevo hasta que esté espumosa. Agregue aceite de oliva, tomillo, romero, chile chipotle molido y cáscara de naranja. Batir hasta que esté combinado. Agregue nueces y revuelva para cubrir. Extienda las nueces en una sola capa en el molde para hornear preparado.

3. Hornee por 20 minutos o hasta que las nueces estén doradas y crujientes, revolviendo frecuentemente. Mientras aún esté caliente, separe los grumos. Déjelo enfriar completamente.

4. Almacene en un recipiente hermético a temperatura ambiente hasta por 1 semana.

HUMMUS DE PIMIENTO ROJO ASADO CON VERDURAS

DEBERES: 20 minutos de asado: 20 minutos de reposo: 15 minutos rinde: 4 porciones

SI QUIERES, PUEDES HACER ESTA SABROSA SALSA HASTA 3 DÍAS ANTES. PREPÁRELO COMO SE INDICA EN EL PASO 2, LUEGO TRANSFIÉRALO A UN TAZÓN PARA SERVIR. CUBRA Y ENFRÍE HASTA POR 2 DÍAS. AGREGA EL PEREJIL JUSTO ANTES DE SERVIR.

1 pimiento rojo mediano, sin semillas y cortado en cuartos

3 dientes de ajo pelados

¼ de cucharadita de aceite de oliva virgen extra

½ taza de almendras picadas

3 cucharadas de piñones

2 cucharadas de mantequilla de piñones (ver <u>receta</u>)

1 cucharadita de cáscara de limón finamente rallada

2 a 3 cucharadas de jugo de limón fresco

¼ taza de perejil fresco cortado en tiras

Palitos de verduras frescas (zanahorias, pimientos dulces, pepino, apio y / o calabacín)

1. Precaliente el horno a 425 ° F. Cubra una bandeja para hornear pequeña con papel de aluminio; coloque los cuartos de pimiento, con los lados cortados hacia abajo, sobre el papel de aluminio. Coloque los dientes de ajo en un pequeño trozo de papel de aluminio; rocíe con aceite de oliva. Envuelva los dientes de ajo con papel de aluminio. Coloque el paquete de ajo en la sartén con los cuartos de pimiento. Ase el pimiento y el ajo durante 20 a 25 minutos o hasta que los pimientos estén carbonizados y muy tiernos. Coloque el paquete de ajo en una rejilla para que se enfríe. Coloque el papel de aluminio alrededor de los cuartos de pimiento

y doble los bordes para encerrarlos. Deje reposar unos 15 minutos o hasta que se enfríe lo suficiente para manipular. Use un cuchillo afilado para aflojar los bordes de la piel de los pimientos; retire suavemente las pieles en tiras y deséchelas.

2. Mientras tanto, en una sartén pequeña, tueste los piñones a fuego medio durante 3 a 5 minutos o hasta que estén ligeramente tostados. Déjelo enfriar un poco.

3. Transfiera las nueces tostadas a un procesador de alimentos. Cubra y procese hasta que esté finamente picado. Agregue cuartos de pimienta, dientes de ajo, mantequilla de piñones, cáscara de limón y jugo de limón. Cubra y procese hasta que esté muy suave, deteniéndose para raspar los lados del tazón de vez en cuando.

4. Transfiera la mezcla de nueces a un tazón para servir; agregue el perejil. Sirva con verduras frescas para mojar.

TÉ HELADO DE JENGIBRE E HIBISCO

DEBERES: 10 minutos de reposo: 20 minutos rinde: 6 porciones (8 onzas)

LAS FLORES DE HIBISCO SECAS SON MUY REFRESCANTES, TÉ DE SABOR AGRIO POPULAR EN MÉXICO Y OTRAS PARTES DEL MUNDO. REMOJAR CON JENGIBRE LE DA ALGO DE CHISPA. LOS ESTUDIOS HAN SUGERIDO QUE EL HIBISCO ES BENEFICIOSO PARA MANTENER LA PRESIÓN ARTERIAL Y EL COLESTEROL SALUDABLES, Y ES MUY RICO EN VITAMINA C.

6 tazas de agua fría

1 taza de flores de hibisco secas y sin cortar (flor de jamaica)

2 cucharadas de jengibre fresco, rallado y pelado

Cubos de hielo

Rodajas de naranja y lima

1. Ponga a hervir 2 tazas de agua. Combine las flores de hibisco y el jengibre en un recipiente grande. Vierta agua hirviendo sobre la mezcla de hibisco; tapar y dejar reposar durante 20 minutos.

2. Cuele la mezcla a través de un colador de malla fina en una jarra grande. Deseche los sólidos. Agrega las 4 tazas restantes de agua fría; mezclar bien.

3. Sirva el té en vasos altos con hielo. Adorne con rodajas de naranja y lima.

AGUA FRESCA DE FRESA-MELÓN-MENTA

EMPEZAR A ACABAR: 20 minutos rinde: aproximadamente 8 porciones (10 tazas)

AGUA FRESCA SIGNIFICA "AGUA DULCE" EN ESPAÑOL, Y SI PUEDES MEJORAR EL AGUA PARA REFRESCARTE, AQUÍ TIENES. LA MAYORÍA DE LAS AGUAS FRESCAS CONTIENEN AZÚCAR AGREGADA JUNTO CON FRUTAS, PERO ESTAS DEPENDEN SOLO DEL AZÚCAR NATURAL DE LAS FRUTAS. EN UN DÍA CALUROSO, NADA SABE MEJOR Y SON UNA EXCELENTE BEBIDA DE FIESTA SIN ALCOHOL.

- 2 libras de fresas frescas, peladas y cortadas por la mitad
- 3 tazas de melón dulce en cubos
- 6 tazas de agua fría
- 1 taza de hojas de menta fresca, rasgadas
- Jugo de 2 limones, más gajos para servir
- Cubos de hielo
- ramitas de menta
- Rodajas de limón

1. En una licuadora, combine las fresas, el melón y 2 tazas de agua. Cubra y mezcle hasta que quede suave. Cuele la mezcla a través de un colador de malla fina en una jarra o frasco de vidrio grande. Deseche los sólidos.

2. En la licuadora combine 1 taza de hojas de menta, jugo de limón y 1 taza de agua. Cuele la mezcla a través del colador de malla fina en la mezcla de fresa y melón.

3. Agregue 3 tazas de agua. Sirva inmediatamente o enfríe hasta que esté listo para servir. Sirva en vasos altos con hielo. Adorne con ramitas de menta y rodajas de lima.

AGUA FRESCA DE SANDÍA Y ARÁNDANOS

DEBERES: 20 minutos de enfriamiento: 2 a 24 horas rinde: 6 porciones

EL PURÉ DE FRUTAS PARA ESTA BEBIDA. SE PUEDE ENFRIAR ENTRE 2 Y 24 HORAS. ES UN POCO DIFERENTE A ALGUNAS AGUAS FRESCAS EN QUE TIENE AGUA CARBONATADA MEZCLADA CON LA FRUTA PARA UNA BEBIDA BURBUJEANTE. ASEGÚRESE DE COMPRAR AGUA MINERAL CON GAS NATURAL, NO AGUA "CON GAS" O AGUA CON GAS, QUE TIENE UN ALTO CONTENIDO DE SODIO.

- 6 tazas de sandía sin semillas, en cubos
- 1 taza de arándanos frescos
- ¼ de taza de hojas de menta fresca sin apretar
- ¼ de taza de jugo de limón verde fresco
- 12 onzas de agua mineral naturalmente carbonatada, refrigerada
- Cubos de hielo
- Hojas de menta
- Rodajas de lima

1. En una licuadora o procesador de alimentos combine los cubos de sandía, los arándanos, ¼ de taza de menta y el jugo de lima, trabajando en tandas si es necesario. Haga puré hasta que quede suave. Enfríe la fruta en puré de 2 a 24 horas.

2. Para servir, agregue agua carbonatada fría a la mezcla de frutas en puré. Vierta en vasos altos con hielo. Adorne con hojas de menta y rodajas de lima adicionales.

AGUA FRESCA DE PEPINO

DEBERES: 15 minutos de enfriamiento: 1 hora rinde: 6 porciones

LA ALBAHACA FRESCA TIENE SABOR A REGALIZ. QUE COMBINA MARAVILLOSAMENTE CON FRUTAS DE TODO TIPO: FRESAS, MELOCOTONES, ALBARICOQUES Y MELÓN, EN PARTICULAR.

- 1 pepino grande sin semillas (inglés), pelado y en rodajas (aproximadamente 2 tazas)
- 1 taza de frambuesas
- 2 albaricoques maduros, sin hueso y en cuartos
- ¼ de taza de jugo de limón verde fresco
- 1 cucharada de albahaca fresca cortada
- ½ cucharadita de tomillo fresco cortado en tiras
- 2 a 3 tazas de agua
- Cubos de hielo

1. En una licuadora o procesador de alimentos combine el pepino, las frambuesas, los albaricoques, el jugo de lima, la albahaca y el tomillo. Agrega 2 tazas de agua. Cubra y mezcle o procese hasta que quede suave. Agregue agua adicional, si lo desea, hasta obtener la consistencia deseada.

2. Enfríe durante al menos 1 hora o hasta 1 semana. Sirva en vasos altos con hielo.

COCO CHAI

EMPEZAR A ACABAR: 25 minutos rinde: 5 a 6 porciones (aproximadamente 5½ tazas)

ESTE CHAI NO CONTIENE TÉ—LECHE DE COCO BIEN ESPECIADA Y UN CHORRITO DE JUGO DE NARANJA NATURAL. PARA UN ADEREZO ESPUMOSO, SE PUEDE BATIR MÁS LECHE DE COCO Y PONER UNA CUCHARADA ENCIMA DE CADA PORCIÓN.

12 vainas de cardamomo enteras

10 anís estrellado entero

10 dientes enteros

2 cucharaditas de pimienta negra en grano

1 cucharadita de pimienta de Jamaica seca entera

4 tazas de agua

3 palitos de canela de 2½ pulgadas

2 tiras de piel de naranja de 2 pulgadas de largo por 1 pulgada de ancho

1 pieza de jengibre fresco de 3 pulgadas, cortado en rodajas finas

½ cucharadita de nuez moscada molida

1 lata de 15 onzas de leche de coco entera

½ taza de jugo de naranja natural

2 cucharaditas de extracto puro de vainilla

1. En un molinillo de especias eléctrico combine las vainas de cardamomo, el anís estrellado, el clavo, los granos de pimienta y la pimienta de Jamaica. Pulsar hasta que quede muy molido. (O en una bolsa plástica grande con cierre, combine las vainas de cardamomo, el anís estrellado, el clavo, los granos de pimienta y la pimienta de Jamaica. Use un mazo para carne o el fondo de una sartén resistente para triturar las especias.) Transfiera las especias a una cacerola mediana.

2. Tostar ligeramente las especias trituradas en la cacerola a fuego medio-bajo durante unos 2 minutos o hasta que estén fragantes,

revolviendo con frecuencia. No se queme. Agrega el agua, las ramas de canela, la piel de naranja, el jengibre y la nuez moscada. Llevar a ebullición; reducir el calor. Cocine a fuego lento, sin tapar, durante 15 minutos.

3. Agregue la leche de coco, el jugo de naranja y el extracto de vainilla. Cocine hasta que esté completamente caliente. Colar a través de un colador de malla fina forrado con una gasa y servir inmediatamente.

SOLOMILLO DE TERNERA ASADO A FUEGO LENTO

DEBERES: 10 minutos de reposo: 50 minutos de asado: 1 hora y 45 minutos rinde: de 8 a 10 porciones

ESTE ES UN ASADO PARA OCASIONES ESPECIALES, PARA ESTAR SEGURO. DEJARLO REPOSAR A TEMPERATURA AMBIENTE LOGRA DOS COSAS: PERMITE QUE EL CONDIMENTO DÉ SABOR A LA CARNE ANTES DE ASARLA Y TAMBIÉN ACORTA EL TIEMPO DE COCCIÓN PARA QUE EL ASADO SE MANTENGA LO MÁS TIERNO Y JUGOSO POSIBLE. LA CARNE DE ESTA CALIDAD NO DEBE CONSUMIRSE MÁS QUE A MEDIO COCER. USE LAS SOBRAS EN ENVOLTURAS DE CARNE DE RES (VER RECETA).

- 1 3½ a 4 libras de lomo de res cortado al centro, recortado y atado con hilo de cocina 100% algodón
- Aceite de oliva virgen extra
- ½ taza de condimento mediterráneo (ver receta)
- ½ cucharadita de pimienta negra
- Aceite de oliva con infusión de trufa (opcional)

1. Unte todos los lados del lomo con aceite de oliva y cúbralo con el condimento mediterráneo y la pimienta. Deje reposar a temperatura ambiente durante 30 a 60 minutos.

2. Precaliente el horno a 450°F con la rejilla en el tercio inferior del horno. Cubra una bandeja para hornear con borde con papel de aluminio; coloque una rejilla para asar en la bandeja para hornear.

3. Coloque la carne en la rejilla de una bandeja para hornear. Ase durante 15 minutos. Reduzca el horno a 250°F. Ase de 1¾ a 2½ horas más o hasta que la temperatura interna alcance los 135°F para que esté medio crudo. Retirar del horno; carpa con papel de aluminio. Deje reposar la carne durante 20 a 30 minutos. Quite la cuerda. Corte la carne en rodajas de ⅓ de pulgada. Si lo desea, rocíe ligeramente la carne con aceite de trufa.

ENSALADA DE CARNE RARA AL ESTILO VIETNAMITA

DEBERES: 40 minutos de congelación: 45 minutos de enfriamiento: 15 minutos de reposo: 5 minutos rinde: 4 porciones

AUNQUE EL PROCESO DE COCCIÓNPARA LA CARNE COMIENZA EN EL JUGO DE PIÑA HIRVIENDO, TERMINA EN LA MEZCLA DE LIMÓN Y JUGO DE PIÑA FRÍO. EL ÁCIDO EN ESTOS JUGOS CONTINÚA "COCINANDO" LA CARNE SIN CALOR, DEMASIADO DEL CUAL PUEDE DESTRUIR EL SABOR Y LA TERNURA.

CARNE DE VACA
- 1 libra de solomillo de ternera
- 4½ tazas de jugo de piña 100%
- 1 taza de jugo de limón verde fresco
- ¼ de cebolla morada, en rodajas muy finas
- ¼ de cebolla blanca, en rodajas muy finas
- ½ taza de cebolletas en rodajas finas
- ½ taza de cilantro fresco picado en trozos grandes
- ½ taza de menta fresca picada en trozos grandes
- ½ taza de albahaca tailandesa fresca picada en trozos grandes Nota)
- Aderezo de macadamia (ver receta, a la derecha)

ENSALADA
- 8 hojas de lechuga iceberg
- 2 cucharadas de anacardos picados, tostados (ver inclinar)
- 1 chile de pájaro tailandés, en rodajas muy finas (ver inclinar) (Opcional)
- 1 cucharada de ajonjolí
- Pimienta negra
- Ramitas de cilantro fresco (opcional)
- Rodajas de lima (opcional)

1. Congele la carne por unos 45 minutos o hasta que esté parcialmente congelada. Con un cuchillo muy afilado, corte la carne en rodajas finas como el papel. En una cacerola grande, caliente 4 tazas de jugo de piña hasta que hierva. Reduzca el fuego para mantener el jugo a fuego lento. Escaldar la carne en pequeños lotes en jugo hirviendo a fuego lento durante unos segundos (la carne debe estar bastante cruda). Sacuda el exceso de líquido y coloque la carne en un tazón mediano. Enfríe la carne en el refrigerador durante 15 a 20 minutos para que se enfríe un poco.

2. Agregue 1 taza de jugo de limón y la ½ taza restante de jugo de piña a la carne en un tazón. Deje que la carne se "cocine" en jugos a temperatura ambiente durante 5 a 10 minutos o hasta que esté cocida deseada. Escurra y exprima el exceso de líquido de la carne y transfiéralo a un tazón grande. Agrega la cebolla morada, la cebolla blanca, las cebolletas, el cilantro, la menta y la albahaca; revuelva para combinar. Vierta el aderezo de macadamia sobre la mezcla de carne; revuelva para cubrir.

3. Para preparar ensaladas, forre cada plato para servir con 2 hojas de lechuga. Divida la mezcla de carne en platos forrados con lechuga. Espolvoree con anacardos, chile tailandés (si lo desea), semillas de sésamo y pimienta negra al gusto. Si lo desea, decore con ramitas de cilantro y sirva con rodajas de limón.

Aderezo de macadamia: En un frasco pequeño con tapa hermética, combine ¼ de taza de aceite de macadamia, 1 cucharada de jugo de limón fresco, 1 cucharada de jugo de piña y ¼ a ½ cucharadita de pimiento rojo triturado. Cubra y agite bien.

PECHUGA ESTOFADA MEXICANA CON ENSALADA DE MANGO, JÍCAMA, CHILE Y SEMILLAS DE CALABAZA ASADAS

DEBERES: 20 minutos marinado: cocción durante la noche: 3 horas de reposo: 15 minutos rinde: 6 porciones

MARINAR LA PECHUGA DURANTE LA NOCHE EN LA MEZCLA DE TOMATES, CHILE CHIPOTLE Y CONDIMENTOS MEXICANOS LE DA UN SABOR INCREÍBLE Y UNA TERNURA QUE SE DESHACE. ASEGÚRESE DE MARINARLO EN UNA OLLA NO REACTIVA, COMO ACERO INOXIDABLE O HIERRO FUNDIDO ESMALTADO. EL ALUMINIO REACCIONA CON INGREDIENTES ÁCIDOS COMO EL TOMATE Y PUEDE CREAR SABORES DESAGRADABLES, Y TAMBIÉN ES UNA MALA IDEA POR RAZONES DE SALUD (VER"ELIMINAR EL ALUMINIO").

FALDA
- 1 pechuga de res de 3 libras
- 2 tazas de caldo de hueso de res (ver receta) o caldo de res sin sal agregada
- 1 lata de 15 onzas de tomates triturados sin sal agregada
- 1 taza de agua
- 1 chile chipotle o chile ancho seco, cortado en tiras
- 2 cucharaditas de condimento mexicano (ver receta)

ENSALADA
- 1 mango maduro, pelado y sin hueso
- 1 jícama, pelada y cortada en juliana
- 3 cucharadas de semillas de calabaza verde, tostadas *
- ½ de jalapeño, sin semillas y finamente picado (ver inclinar)
- 1 a 2 cucharadas de cilantro fresco cortado en tiras
- 3 cucharadas de jugo de limón fresco

1 cucharada de aceite de oliva virgen extra
Rodajas de limón

1. Quite el exceso de grasa de la pechuga. Coloque en un horno holandés de acero inoxidable o esmaltado. Agrega el caldo de res, los tomates sin escurrir, el agua, el chile chipotle y el condimento mexicano. Cubra y refrigere durante la noche.

2. Coloque la olla a fuego alto; llevar a ebullición. Reduzca el fuego y cocine a fuego lento, tapado, durante 3 a 3½ horas o hasta que estén tiernos. Retirar del horno, destapar y dejar reposar durante 15 minutos.

3. Mientras tanto, para la ensalada, corte el mango pelado en rodajas de ¼ de pulgada de grosor. Corta cada rebanada en 3 tiras. En un tazón mediano combine el mango, la jícama, las semillas de calabaza, el jalapeño y el cilantro. En un tazón pequeño, mezcle el jugo de limón y el aceite de oliva; agregar a la ensalada y mezclar; dejar de lado.

4. Transfiera la carne a una tabla de cortar; corte la carne a lo largo del grano. Si lo desea, rocíe la carne con un poco de los jugos de cocción. Sirve la carne con la ensalada. Adorne con rodajas de lima.

* Consejo: para tostar semillas y nueces finamente picadas, esparcirlas en una sartén pequeña y seca y calentar a fuego medio hasta que estén doradas. Revuelva con frecuencia para que no se quemen.

WRAPS DE LECHUGA ROMANA CON PECHUGA DE RES DESMENUZADA Y HARISSA DE CHILE ROJO FRESCO

DEBERES: 20 minutos de asado: 4 horas de reposo: 15 minutos rinde: 6 a 8 porciones

HARISSA ES UNA SALSA PICANTE DE TÚNEZ QUE SE UTILIZA COMO CONDIMENTO PARA CARNES Y PESCADOS ASADOS Y EN GUISOS COMO AROMATIZANTE. CADA COCINERO TIENE SU PROPIA VERSIÓN, PERO, ADEMÁS DE LOS CHILES, CASI SIEMPRE CONTIENE ALCARAVEA, COMINO, AJO, CILANTRO Y ACEITE DE OLIVA.

FALDA

- 1 falda de res de 3 a 3 ½ libras
- 2 cucharaditas de chile ancho molido
- 1 cucharadita de ajo en polvo
- 1 cucharadita de cebolla en polvo
- 1 cucharadita de comino molido
- ¼ taza de aceite de oliva virgen extra
- 1 taza de caldo de hueso de res (ver receta) o caldo de res sin sal agregada

HARISSA

- 1 cucharadita de semillas de cilantro
- 1 cucharadita de semillas de alcaravea
- ½ cucharadita de semillas de comino
- 8 a 10 chiles rojos de Fresno, chiles rojos de Anaheim o jalapeños rojos, sin tallo, sin semillas (si lo desea) y picados (ver inclinar)
- 3 dientes de ajo picados
- Hojas de lechuga romana

1. Precaliente el horno a 300 ° F. Quite el exceso de grasa de la pechuga. En un tazón pequeño, combine el chile ancho molido, el

ajo en polvo, la cebolla en polvo y el comino. Espolvoree la mezcla de especias sobre la carne; frotar en la carne.

2. En una olla de 5 a 6 cuartos de galón, caliente 1 cucharada de aceite de oliva a fuego medio-alto. Dorar la pechuga por ambos lados en el aceite caliente; retire la olla del fuego. Agrega el caldo de hueso de res. Tape y ase de 4 a 4½ horas o hasta que la carne esté tierna.

3. Mientras tanto, para la harissa, en una sartén pequeña combine las semillas de cilantro, alcaravea y comino. Coloque la sartén a fuego medio. Tostar las semillas unos 5 minutos o hasta que estén fragantes, agitando la sartén con frecuencia; dejar enfriar. Utilice un molinillo de especias o un mortero para moler las semillas tostadas. En un procesador de alimentos, combine la mezcla de semillas molidas, los chiles frescos, el ajo y las 3 cucharadas restantes de aceite de oliva. Procese hasta que quede suave. Transfiera a un tazón; cubra y enfríe durante al menos 1 hora.

4. Retire el horno holandés del horno. Deje reposar durante 15 minutos. Transfiera la carne a una tabla de cortar; corte la carne a lo largo del grano. Coloque en una fuente para servir y rocíe con un poco del líquido de cocción. Para servir, rellene las hojas de lechuga romana con pechuga en rodajas; cubra con harissa.

OJO REDONDO ASADO CON COSTRA DE HIERBAS CON PURÉ DE VERDURAS DE RAÍZ Y SALSA DE PAN

DEBERES: 25 minutos de cocción: 25 minutos de asado: 40 minutos de reposo: 10 minutos rinde: 6 porciones

ASEGÚRESE DE GUARDAR TODOS EL AGUA DE COCCIÓN AL ESCURRIR LAS VERDURAS. EL AGUA RESERVADA SE UTILIZA TANTO EN EL PURÉ DE TUBÉRCULOS COMO EN LA SALSA PARA LA CARNE.

ASAR

- ½ taza de hojas de perejil fresco bien compactas
- ¼ de taza de tomillo fresco cortado en tiras
- 1 cucharada de pimienta negra molida
- 2 cucharaditas de cáscara de limón finamente rallada
- 4 dientes de ajo pelados
- 4 cucharadas de aceite de oliva virgen extra
- 1 ojo de 3 libras de asado redondo
- 2 cucharadas de mostaza estilo Dijon (ver receta)

SALSA SARTÉN

- 1 taza de cebolla picada
- 1 taza de champiñones en rodajas
- 1 hoja de laurel
- ¼ taza de vino tinto seco
- 1 taza de caldo de hueso de res (ver receta) o caldo de res sin sal agregada
- 1 cucharada de aceite de oliva virgen extra
- 2 cucharaditas de jerez o vinagre balsámico
- 1 receta de Puré de Verduras de Raíz (ver receta, debajo)

1. Coloque la rejilla del horno en el tercio inferior del horno. Precaliente el horno a 400 ° F. En un procesador de alimentos,

combine el perejil, el tomillo, la pimienta, la cáscara de limón, los dientes de ajo y 2 cucharadas de aceite de oliva. Pulse hasta que el ajo esté picado en trozos grandes. Deje a un lado la mezcla de ajo.

2. En una fuente para asar mediana o en una sartén para saltear extra grande para horno, caliente las 2 cucharadas de aceite de oliva restantes a fuego medio-alto. Agregue el asado y dore hasta que se dore por todos lados, aproximadamente 4 minutos por lado. Retire el asado de la sartén; retire la cacerola del fuego. Unte la mostaza estilo Dijon sobre el asado. Espolvoree la mezcla de ajo sobre el asado, presionando para que se adhiera. Regrese el asado a la sartén. Ase, sin tapar, durante 40 a 45 minutos o hasta que un termómetro para carne insertado en el centro del asado registre 130 ° F a 135 ° F. Transfiera la carne a una tabla de cortar; carpa sin apretar con papel de aluminio. Deje reposar durante 10 minutos antes de cortar.

3. Mientras tanto, para la salsa, coloque la sartén para asar o saltear en la estufa. Calienta a fuego medio-alto. Agrega la cebolla, los champiñones y la hoja de laurel; cocine y revuelva unos 5 minutos o hasta que la cebolla esté transparente. Agregue el vino; cocine a fuego lento unos 2 minutos o hasta que el vino esté casi evaporado, raspando los trozos dorados del fondo de la sartén. Agregue 1 taza del agua de cocción de verduras reservada y el caldo de hueso de res. Llevar a ebullición; reducir el calor. Cocine a fuego lento, sin tapar, hasta que la salsa se reduzca a aproximadamente 1 taza, aproximadamente 4 minutos, revolviendo ocasionalmente.

4. Cuele la salsa a través de un colador de malla fina en una taza medidora grande; desechar los sólidos. Batir el aceite de oliva y el

vinagre en la salsa. Sirva rosbif con puré de verduras de raíz; rocíe con salsa.

Verduras de raíz trituradas: En una cacerola grande combine 3 zanahorias medianas, peladas y cortadas en trozos grandes; 3 chirivías medianas, peladas y cortadas en trozos grandes; 2 nabos medianos, pelados y cortados en trozos grandes; 1 camote grande, pelado y cortado en trozos grandes; y 2 ramitas de romero fresco. Agregue suficiente agua para cubrir las verduras. Llevar a ebullición; reducir el calor. Cocine a fuego lento, tapado, de 15 a 20 minutos o hasta que las verduras estén muy tiernas. Escurre las verduras, reservando el agua de cocción. Desecha el romero. Regrese las verduras a la sartén. Triture con un machacador de papas o una batidora eléctrica, rociando un poco del agua de cocción reservada hasta obtener la consistencia deseada (reserve el agua de vegetales restante para la salsa de pan). Sazone con pimienta de cayena. Cubra y mantenga caliente hasta que esté listo para servir.

SOPA DE RES Y VERDURAS CON PESTO DE PIMIENTO ROJO ASADO

DEBERES: 40 minutos de cocción: 1 hora 25 minutos de reposo: 20 minutos rinde: 8 porciones

PIMENTÓN AHUMADO, TAMBIÉN LLAMADO PIMENTÓN—ES UN PIMENTÓN ESPAÑOL HECHO AL SECAR LOS PIMIENTOS SOBRE UN FUEGO DE LEÑA DE ROBLE AHUMADO, QUE IMPARTE UN SABOR INCREÍBLE. VIENE EN TRES VARIEDADES: DULCE Y SUAVE (DULCE), MEDIO PICANTE (AGRIDULCE) Y PICANTE (PICANTE). ELIJA SEGÚN SU GUSTO.

- 1 cucharada de aceite de oliva virgen extra
- 2 libras de carne asada deshuesada, sin exceso de grasa y cortada en cubos de 1 pulgada
- 1 taza de cebolla picada
- 1 taza de zanahorias en rodajas
- 1 taza de apio en rodajas
- 1 taza de chirivías en rodajas
- 1 taza de champiñones frescos en rodajas
- ½ taza de nabo cortado en cubitos
- ½ cucharadita de pimentón ahumado
- ½ cucharadita de romero seco, triturado
- ½ cucharadita de pimiento rojo triturado
- ½ taza de vino tinto seco
- 8 tazas de caldo de hueso de res (ver <u>receta</u>) o caldo de res sin sal agregada
- 2 tazas de tomates frescos cortados en cubitos
- 1 hoja de laurel
- 1 taza de camote o calabaza, pelada y en cubos
- 2 tazas de hojas de col rizada rallada o repollo verde
- ¾ taza de calabacín cortado en cubitos o calabaza amarilla de verano
- ¾ taza de espárragos picados
- ¾ taza de floretes de coliflor muy pequeños

Pesto de pimiento rojo (ver receta, debajo)

1. En una olla de 6 a 8 cuartos de galón, caliente el aceite de oliva a fuego medio-alto. Agrega la mitad de la carne al aceite caliente en una sartén; cocine de 5 a 6 minutos o hasta que estén bien dorados por todos lados. Retire la carne de la sartén. Repita con la carne restante. Ajuste el fuego según sea necesario para evitar que los trozos dorados del fondo de la olla se quemen.

2. Agregue la cebolla, las zanahorias, el apio, las chirivías, los champiñones y el nabo al horno holandés. Reduzca el fuego a medio. Cocine y revuelva durante 7 a 8 minutos o hasta que las verduras estén tiernas y crujientes, raspando los trozos dorados con una cuchara de madera. Agrega el pimentón, el romero y el pimiento rojo triturado; cocine y revuelva por 1 minuto. Agregue el vino; cocine a fuego lento hasta que casi se evapore. Agregue el caldo de hueso de res, los tomates, la hoja de laurel y la carne dorada y los jugos acumulados. Llevar a ebullición; reducir el calor. Cocine a fuego lento, tapado, aproximadamente 1 hora o hasta que la carne y las verduras estén tiernas. Agregue la batata y la col rizada; cocine a fuego lento durante 20 minutos. Agrega el calabacín, los espárragos y la coliflor; cocine unos 5 minutos o hasta que estén tiernos y crujientes. Retire y deseche la hoja de laurel.

3. Para servir, sirva la sopa en tazones para servir y cubra con un poco de Pesto de pimiento rojo.

Pesto de pimiento rojo: Precaliente el asador con la rejilla del horno colocada en el tercio superior del horno. Coloque 3 pimientos rojos en una bandeja para hornear forrada con papel de aluminio. Frote las superficies de los pimientos con 1 cucharada de aceite de oliva virgen extra. Ase los pimientos durante 10 a 15 minutos o hasta que la piel se oscurezca y las ampollas y los pimientos se ablanden, girando a la mitad durante el asado. Transfiera los pimientos a un tazón grande. Cubra el tazón con envoltura de plástico. Deje reposar unos 20 minutos o hasta que se enfríe. Quite las semillas, los tallos y la piel de los pimientos y deséchelos. Corta los pimientos en trozos. En un procesador de alimentos, presione ½ taza de hojas de perejil fresco, ¼ de taza de almendras en rodajas y 3 dientes de ajo hasta que estén finamente picados. Agregue pimientos asados, 2 cucharadas de aceite de oliva extra virgen, 1 cucharada de cáscara de naranja finamente rallada, 2 cucharaditas de vinagre balsámico o de jerez, y pimentón y cayena al gusto. Pulse hasta que esté finamente picado pero no líquido. Si es necesario, agregue 1 cucharada adicional de aceite de oliva para alcanzar la consistencia deseada. Transfiera a un recipiente hermético. Cubra y refrigere hasta que esté listo para servir.

ESTOFADO DE TERNERA DULCE Y SALADO A FUEGO LENTO

DEBERES: 25 minutos de cocción: 6 minutos de reposo: 10 minutos de cocción lenta: 9 horas (bajo) o 4½ horas (alto) + 15 minutos (alto) rinde: 4 porciones

LA DULZURA DE ESTE SUCULENTO GUISO PROVIENE DE UNA PEQUEÑA CANTIDAD DE OREJONES Y CEREZAS SECAS. BUSQUE FRUTAS SECAS SIN AZUFRE Y SIN AZÚCAR EN CUALQUIER MERCADO QUE OFREZCA ALIMENTOS INTEGRALES.

1½ libras de carne de res deshuesada o asado de carne deshuesada

2 cucharadas de aceite de coco refinado

1 taza de agua hirviendo

½ taza de hongos shiitake secos

1 taza de cebollas perla frescas peladas o congeladas, cortadas por la mitad si son grandes

3 chirivías medianas, cortados a la mitad a lo largo y transversalmente en trozos de 2 pulgadas

3 zanahorias medianas, cortadas a la mitad a lo largo y transversalmente en trozos de 2 pulgadas

6 dientes de ajo, en rodajas finas

1 hoja de laurel

1 cucharadita de salvia seca o tomillo o 1 cucharada de salvia o tomillo fresco cortado en tiras

2½ tazas de caldo de hueso de res (ver receta) o caldo de res sin sal agregada

4 tazas de acelgas o col rizada fresca picadas en trozos grandes y recortadas

½ taza de vino tinto seco

2 cucharadas de albaricoques secos sin azufrar y sin azúcar picados

2 cucharadas de cerezas secas sin azufre y sin azúcar

1. Quite la grasa de la carne. Corte la carne en trozos de 1½ pulgada. En una sartén grande, caliente 1 cucharada de aceite de coco a fuego medio-alto. Agrega la carne; cocine de 5 a 7 minutos o hasta que se dore, revolviendo ocasionalmente. Con una cuchara

ranurada, transfiera la carne a una olla de cocción lenta de 3½ o 4 cuartos. Repita con el resto del aceite de coco y la carne. Si lo desea, raspe la grasa de la sartén y colóquela en la olla con carne.

2. Mientras tanto, en un tazón pequeño combine el agua hirviendo y los champiñones secos. Cubrir; déjelo reposar durante 10 minutos. Escurre los champiñones, reservando el líquido de remojo. Enjuague los champiñones; Picar los champiñones en trozos grandes y agregarlos a la olla con la carne. Vierta el líquido de remojo a través de un colador de malla fina en la olla de cocción lenta.

3. Agregue cebollas, chirivías, zanahorias, ajo, laurel y salvia seca o tomillo (si se usa). Vierta el caldo de hueso de res por encima de todo. Cubrir; cocine a fuego lento durante 9 a 10 horas oa fuego alto durante 4½ a 5 horas.

4. Retire y deseche la hoja de laurel. Agregue acelgas, vino, albaricoques, cerezas y salvia fresca o tomillo (si se usa) para guisar en la olla. Si usa la configuración de calor bajo, cambie a la configuración de calor alto. Cubrir; cocine por 15 minutos más. Para servir, sirva en tazones para servir calientes.

SOPA ASIÁTICA DE FILETE DE FLANCO

DEBERES: 35 minutos de cocción: 20 minutos rinde: 6 a 8 porciones

1½ libras de filete de falda de res
2 cucharadas de aceite de oliva virgen extra
1 libra de hongos shiitake, sin tallo y en rodajas
1 manojo de cebolletas, en rodajas finas
2 tazas de bok choy picado
1 taza de zanahorias en rodajas finas
6 dientes de ajo grandes, picados (1 cucharada)
1 cucharada de jengibre fresco picado
1 cucharadita de pimienta negra
8 tazas de caldo de hueso de res (ver <u>receta</u>) o caldo de res sin sal agregada
1 hoja de alga nori, desmenuzada
1 taza de rábano daikon en rodajas finas
⅓ taza de jugo de lima fresco
4 huevos duros, pelados y cortados por la mitad
Rodajas de limón

1. Si lo desea, congele parcialmente la carne para cortarla más fácilmente (unos 20 minutos). Corte el filete de falda por la mitad a lo largo y luego corte en tiras finas cada mitad a lo largo del grano. Corta las tiras por la mitad. En un horno holandés de 6 cuartos de galón, caliente 1 cucharada de aceite de oliva a fuego medio-alto. Agrega la mitad del bife de falda; cocine unos 3 minutos o hasta que estén bien dorados, revolviendo ocasionalmente. Retire la carne de la sartén; repita con el resto del aceite de oliva y el filete de falda. Retire el bistec del horno holandés y reserve.

2. Reduzca el fuego a medio; agregue los hongos shiitake, las cebolletas, el bok choy, las zanahorias, el ajo y la pimienta al horno holandés. Cocine durante 5 minutos, revolviendo

con frecuencia. Agregue el filete de falda, el caldo de hueso de res y las algas marinas desmenuzadas a la olla. Llevar a ebullición; reducir el calor. Cocine a fuego lento, tapado, unos 5 minutos o hasta que las zanahorias estén tiernas.

3. Agregue rábano daikon, jugo de limón y huevos duros a la sopa. Regrese la sopa a fuego lento. Apague inmediatamente el fuego. Sirva la sopa en tazones para servir calientes. Adorne con rodajas de lima.

FILETE DE FLANCO SALTEADO CON ARROZ DE COLIFLOR Y SÉSAMO

DE PRINCIPIO A FIN: 1 HORA RINDE: 4 PORCIONES

1½ libras de filete de falda de res

4 tazas de coliflor picada

2 cucharadas de ajonjolí

2 cucharaditas de aceite de coco refinado

¾ cucharadita de pimiento rojo triturado

¼ taza de cilantro fresco cortado en tiras

3 cucharadas de aceite de coco

½ taza de cebolletas en rodajas finas

1 cucharada de jengibre fresco rallado

6 dientes de ajo picados (1 cucharada)

1 cucharada de limoncillo fresco en rodajas finas

2 pimientos dulces rojos, verdes y / o amarillos, sin semillas y cortados en tiras

2 tazas de floretes de brócoli pequeños

½ taza de caldo de hueso de res (ver receta) o caldo de res sin sal agregada

¼ de taza de jugo de limón verde fresco

Cebolletas en rodajas (opcional)

Pimiento rojo triturado (opcional)

1. Si lo desea, congele parcialmente el filete de falda para cortarlo más fácilmente (unos 20 minutos). Corta el filete de falda por la mitad a lo largo; corte finamente cada mitad a lo largo del grano en tiras. Ponga las tiras de carne a un lado.

2. Para el arroz de coliflor, en un procesador de alimentos, pulse 2 tazas de coliflor hasta que los trozos tengan el tamaño de arroz; transferir a un tazón mediano. Repita con las 2 tazas de coliflor restantes. En una sartén grande, tueste las semillas de sésamo a fuego medio unos 2

minutos o hasta que estén doradas. Agregue las 2 cucharaditas de aceite de coco y ¼ de cucharadita de pimiento rojo triturado; cocine por 30 segundos. Agrega el arroz de coliflor y el cilantro a la sartén; revolver. Reducir el fuego; cocine, tapado, de 6 a 8 minutos o hasta que la coliflor esté tierna. Manténgase caliente.

3. En una sartén extra grande, caliente 1 cucharada de aceite de coco a fuego medio-alto. Agrega la mitad de las tiras de carne; cocine y revuelva hasta que esté listo. Retire la carne de la sartén. Repita con 1 cucharada del aceite de coco restante y las tiras de carne restantes; dejar la carne a un lado. Escurre la sartén.

4. En la misma sartén caliente la 1 cucharada de aceite de coco restante a fuego medio-alto. Agregue las cebolletas, el jengibre, el ajo, la hierba de limón y la ½ cucharadita restante de pimiento rojo triturado a la sartén; cocine y revuelva por 30 segundos. Agregue los pimientos dulces, el brócoli y el caldo de hueso de res a la sartén. Cocine unos 5 minutos o hasta que el brócoli esté tierno, revolviendo ocasionalmente. Agregue la carne y el jugo de limón; cocine por 1 minuto más. Sirva sobre arroz de coliflor. Si lo desea, cubra con cebolletas adicionales y / o pimiento rojo triturado.

FILETE DE FALDA RELLENO CON SALSA CHIMICHURRI

DEBERES: 30 minutos de asado: 35 minutos de reposo: 10 minutos rinde: 4 porciones

- 1 camote mediano, pelado (aproximadamente 12 onzas)
- 1 cucharada de aceite de oliva virgen extra
- 6 dientes de ajo picados (1 cucharada)
- 2 cucharaditas de aceite de oliva virgen extra
- 1 paquete de 5 onzas de espinacas tiernas frescas
- 1½ libras de filete de falda
- 2 cucharaditas de pimienta negra molida
- 2 cucharadas de aceite de oliva virgen extra
- ½ taza de salsa chimichurri (ver receta)

1. Precaliente el horno a 400 ° F. Cubra una bandeja para hornear grande con papel pergamino. Con una mandolina, corte la batata a lo largo en rodajas de aproximadamente ⅛ de pulgada de grosor. En un tazón mediano, mezcle las rodajas de camote con 1 cucharada de aceite. Coloque las rodajas en una capa uniforme sobre la bandeja para hornear preparada. Ase unos 15 minutos o hasta que estén tiernos. Dejar enfriar.

2. Mientras tanto, en una sartén extra grande para horno, combine el ajo y 2 cucharaditas de aceite de oliva. Cocine a fuego medio unos 2 minutos o hasta que el ajo esté ligeramente cocido pero no dorado, revolviendo ocasionalmente. Agrega las espinacas a la sartén; cocine hasta que se ablande. Transfiera las espinacas a un plato para que se enfríen; dejar la sartén a un lado.

3. Marque ambos lados del filete de flanco haciendo cortes diagonales poco profundos con una separación de

aproximadamente 1 pulgada en un patrón de diamante. Coloque el filete de falda entre dos trozos de plástico. Con el lado plano de un mazo de carne, machaque el bistec hasta que tenga aproximadamente ½ pulgada de grosor. Exprima el exceso de líquido de las espinacas cocidas y coloque uniformemente sobre el bistec. Cubra con las batatas, superponiendo las rodajas según sea necesario. Comenzando por un lado largo, enrolle el bistec de falda. Ate el filete enrollado a intervalos de 1 pulgada con hilo de cocina 100% algodón. Espolvorea con pimienta negra molida.

4. Agregue 2 cucharadas de aceite a la sartén que se usa para cocinar las espinacas. Agrega la carne a la sartén; cocine hasta que se dore por todos lados, volteando la carne según sea necesario para que se dore uniformemente. Coloque la sartén con la carne en el horno. Ase, sin tapar, durante 20 a 25 minutos o hasta que un termómetro de carne de lectura instantánea insertado en el centro registre 145 ° F.

5. Retire la carne de la sartén y cúbrala con papel de aluminio. Deje reposar durante 10 minutos. Quite el hilo de cocina; corte la carne transversalmente en rodajas de ½ pulgada de grosor. Sirve con salsa chimichurri.

CHUCK STEAKS ESTOFADO EN VINO CON CHAMPIÑONES

DEBERES: 10 minutos cocción: 30 minutos horneado: 1 hora 45 minutos rinde: 2 porciones

LOS FILETES DE CHUCK SON UNA OPCIÓN ECONÓMICA PORQUE NO SON EL CORTE MÁS TIERNO. SIN EMBARGO, DESPUÉS DE UNA HORA MÁS O MENOS HIRVIENDO A FUEGO LENTO EN UNA MEZCLA DE VINO TINTO, CALDO DE RES, CHAMPIÑONES, AJO Y PIMIENTA NEGRA, SE PUEDEN CORTAR CON UN CUCHILLO DE MANTEQUILLA.

- 2 filetes de chuletón de ternera de costilla cruzada deshuesados de 6 onzas, cortados de aproximadamente ¾ de pulgada de grosor
- ½ cucharadita de ajo granulado sin conservantes
- Pimienta negra
- 4 cucharaditas de aceite de oliva virgen extra
- 10 onzas de champiñones, rebanados
- ½ taza de vino tinto seco (como Zinfandel)
- ½ taza de caldo de hueso de res (ver receta), Caldo de huesos de pollo (ver receta), o caldo de res o pollo sin sal agregada
- 2 cucharaditas de perejil fresco cortado en tiras
- ½ cucharadita de tomillo fresco cortado en tiras
- ½ cucharadita de cáscara de limón finamente rallada
- 1 diente de ajo pequeño, picado
- Rábano picante fresco rallado (opcional)

1. Precaliente el horno a 300°F.

2. Si lo desea, quite la grasa de los bistecs. Seque los bistecs con toallas de papel. Espolvorea ambos lados con ajo granulado y pimienta. En una sartén mediana para horno, caliente 2 cucharaditas de aceite de oliva a fuego medio-

alto. Agrega los filetes a la sartén; cocine de 3 a 4 minutos por lado o hasta que estén bien dorados. Transfiera los filetes a un plato; dejar de lado.

3. Agregue los champiñones y las 2 cucharaditas de aceite de oliva restantes a la sartén. Cocine por 4 minutos, revolviendo ocasionalmente. Agregue el vino y el caldo de hueso de res, raspando los trozos dorados del fondo de la sartén. Llevar a fuego lento. Agregue los filetes a la sartén, colocando la mezcla de champiñones sobre los filetes. Cubra la sartén con una tapa. Transfiera la sartén al horno. Hornee aproximadamente 1¼ horas o hasta que la carne esté tierna.

4. Para la cobertura de perejil, en un tazón pequeño mezcle el perejil, el tomillo, la cáscara de limón y el ajo; dejar de lado.

5. Transfiera los filetes a un plato; cubrir para mantener el calor. Para la salsa, caliente los champiñones y el líquido en una sartén a fuego medio-alto hasta que hierva a fuego lento. Cocine unos 4 minutos o hasta que se reduzca un poco. Sirva la salsa de champiñones sobre los bistecs. Espolvoree con la cobertura de perejil y, si lo desea, rábano picante rallado.

TIRAS DE FILETES CON SALSA DE AGUACATE Y RÁBANO PICANTE

DEBERES: 15 minutos reposo: 10 minutos grill: 16 minutos rinde: 4 porciones

LA SALSA DE RÁBANO PICANTE ES UN GRAN ACOMPAÑAMIENTO. AL SOLOMILLO DE TERNERA ASADO A FUEGO LENTO (VER RECETA). AQUÍ, SE MEZCLA CON AGUACATES A LA PARRILLA PARA HACER UNA SALSA DE RICO SABOR CON UN POCO DE PICANTE DE MOSTAZA DE DIJON Y RÁBANO PICANTE RECIÉN RALLADO. ASAR LOS AGUACATES A LA PARRILLA LOS HACE MÁS CREMOSOS Y AGRADABLEMENTE AHUMADOS.

BIFE

- 1 cucharada de condimento ahumado (ver receta)
- ½ cucharadita de mostaza seca
- 1 cucharadita de comino molido
- 4 filetes (lomo superior), cortados de 1 pulgada de grosor (aproximadamente 2 libras en total)
- 2 aguacates, cortados por la mitad y sin semillas (pelar)
- 1 cucharadita de jugo de lima

SALSA

- 2 cucharadas de salsa de rábano picante (ver receta, debajo
- 2 cucharadas de jugo de lima fresco
- 2 dientes de ajo picados

1. En un tazón pequeño, combine el condimento ahumado, la mostaza seca y el comino. Espolvoree sobre los filetes y frótelos con los dedos. Deje reposar durante 10 minutos.

2. Para una parrilla de carbón, coloque las brasas a fuego medio alrededor de una bandeja de goteo. Pruebe a fuego medio sobre la sartén. Coloque los bistecs en la rejilla de la parrilla sobre la bandeja de goteo. Tape y cocine a la parrilla durante 16 a 20 minutos para medio crudo (145 ° F) o de 20 a 24 minutos para medio (160 ° F), volteando los bistecs una vez a la mitad de la parrilla. Cepille los lados cortados de los aguacates con jugo de limón. Agregue a la parrilla sobre la bandeja de goteo, con los lados cortados hacia arriba, durante los últimos 8 a 10 minutos de asado a la parrilla o hasta que se ablanden. (Para una parrilla de gas, precaliente la parrilla. Reduzca el fuego a medio. Ajuste para cocción indirecta. Ase a la parrilla como se indica arriba).

3. Para la salsa, coloque la pulpa del aguacate en un tazón mediano. Agregue la salsa de rábano picante, las 2 cucharadas de jugo de limón y el ajo; machaca con un tenedor hasta que esté casi suave. Sirva los bistecs con salsa.

Salsa de rábano picante: En un tazón mediano, combine ¼ taza de rábano picante fresco rallado, 1 taza de crema de anacardos (vea receta), 1 cucharada de mostaza estilo Dijon (ver receta), 1 cucharadita de vinagre de vino blanco y 2 cucharaditas de condimento de hierbas de limón (ver receta). Cubra y refrigere durante al menos 4 horas o durante la noche.

FILETES DE SOLOMILLO MARINADOS CON HIERBA DE LIMÓN

DEBERES: 30 minutos marinado: 2 a 10 horas grill: 10 minutos reposo: 35 minutos rinde: 4 porciones

LA ALBAHACA TAILANDESA ES DIFERENTE A LA ALBAHACA DULCEUTILIZADO EN LA COCINA MEDITERRÁNEA TANTO EN APARIENCIA COMO EN SABOR. LA ALBAHACA TIENE HOJAS ANCHAS SOBRE TALLOS VERDES; LA ALBAHACA TAILANDESA TIENE HOJAS VERDES ESTRECHAS EN TALLOS PÚRPURAS. AMBOS TIENEN UN SABOR A ANÍS, PERO EN LA ALBAHACA TAILANDESA ES MÁS PRONUNCIADO. LA ALBAHACA TAILANDESA TAMBIÉN SE SOSTIENE MEJOR AL CALOR QUE LA ALBAHACA DULCE. BÚSQUELO EN LOS MERCADOS ASIÁTICOS Y LOS MERCADOS DE AGRICULTORES. SI NO PUEDE ENCONTRARLO, CIERTAMENTE PUEDE USAR ALBAHACA DULCE.

- 2 tallos de limoncillo, solo partes amarillas y verde pálido
- 1 pieza de jengibre de 2 pulgadas, pelado y en rodajas finas
- ½ taza de piña fresca picada
- ¼ de taza de jugo de limón verde fresco
- 1 jalapeño, sin semillas y picado (ver inclinar)
- 2 cucharadas de aceite de oliva virgen extra
- 4 filetes de solomillo de res de 6 onzas, cortados de ¾ de pulgada de grosor
- ½ taza de hojas de albahaca tailandesa
- ½ taza de hojas de cilantro
- ½ taza de hojas de menta
- ½ taza de cebolletas, en rodajas finas
- 2 cucharaditas de aceite de oliva virgen extra
- 1 lima, en cuartos

1. Para la marinada, retire y deseche las capas externas magulladas de los tallos de limoncillo. Cortar en rodajas finas. En un procesador de alimentos combine la hierba de limón y el jengibre; pulso hasta que esté finamente picado. Agrega la piña, el jugo de lima, el jalapeño y 2 cucharadas de aceite de oliva; hacer puré tanto como sea posible.

2. Coloque los filetes en una bolsa plástica grande con cierre en un plato poco profundo. Vierta la marinada sobre los bistecs. Sellar la bolsa; gire la bolsa para cubrir. Deje marinar en el refrigerador durante 2 a 10 horas, volteando la bolsa de vez en cuando. Retire los filetes de la marinada; desechar la marinada. Deje reposar los filetes a temperatura ambiente durante 30 minutos antes de asarlos.

3. Para una parrilla de carbón o gas, coloque los bistecs en la parrilla directamente a fuego medio. Tape y cocine a la parrilla durante 10 a 12 minutos para medio crudo (145°F) o de 12 a 15 minutos para medio (160°F), volteando una vez a la mitad del asado. Retire los bistecs de la parrilla; déjelo reposar durante 5 minutos antes de servir.

4. Para cubrir las hierbas, en un tazón pequeño mezcle la albahaca, el cilantro, la menta y las cebolletas; rocíe con las 2 cucharaditas de aceite de oliva; revuelva para cubrir. Cubra cada bistec con aderezo de hierbas y sirva con rodajas de lima.

SOLOMILLO BALSÁMICO-DIJON CON ESPINACAS AL AJO

DEBERES: 12 minutos marinado: 4 horas asado: 10 minutos rinde: 4 porciones

HERVIR LA MARINADA LO HACE SEGURO. PARA COMER COMO SALSA, Y LA REDUCE LIGERAMENTE PARA HACERLA MÁS ESPESA TAMBIÉN. SALTEE LAS ESPINACAS MIENTRAS SE ASA EL BISTEC, Y APENAS. PARA OBTENER EL MEJOR SABOR Y NUTRICIÓN, COCINE LAS ESPINACAS SOLO HASTA QUE SE MARCHITEN Y AÚN ESTÉN DE COLOR VERDE BRILLANTE.

BIFE
- 4 cucharadas de vinagre balsámico
- 3 cucharadas de aceite de oliva virgen extra
- 3 cucharadas de jugo de limón fresco
- 3 cucharadas de jugo de naranja natural
- 1 cucharada de mostaza estilo Dijon (ver receta)
- 2 cucharaditas de romero fresco cortado en tiras
- ½ cucharadita de pimienta negra
- 3 dientes de ajo picados
- 1 1½ libra de bistec de solomillo, cortado de 1½ pulgadas de grosor

ESPINACAS
- 1 cucharada de aceite de oliva virgen extra
- 4 dientes de ajo, en rodajas finas
- 8 tazas de espinacas tiernas
- ¼ de cucharadita de pimienta negra

1. Para la marinada, en un tazón mediano mezcle el vinagre, el aceite de oliva, el jugo de limón, el jugo de naranja, la mostaza estilo Dijon, el romero, la pimienta y el ajo.

Coloque el bistec en una bolsa de plástico con cierre en un plato poco profundo. Vierta la marinada sobre el bistec. Sellar la bolsa; gire para cubrir el bistec. Deje marinar en el refrigerador durante 4 horas, volteando la bolsa de vez en cuando.

2. Precaliente el asador. Retire el bistec de la marinada; transfiera la marinada a una cacerola pequeña. Para la salsa balsámica, caliente la marinada a fuego medio-alto hasta que hierva. Reducir el fuego; cocine a fuego lento durante 2 a 3 minutos o hasta que espese un poco; dejar de lado.

3. Coloque el bistec en la rejilla sin calentar de una asadera. Ase a 4 a 5 pulgadas del fuego unos 10 minutos para medio crudo (145 ° F) o 14 minutos para medio (160 °), volteando una vez. Transfiera el bistec a una tabla de cortar. Cubra sin apretar con papel de aluminio; déjelo reposar durante 10 minutos.

4. Mientras tanto, para las espinacas, en una sartén extra grande caliente el aceite de oliva a fuego medio. Agrega el ajo en rodajas; cocine por 1 minuto o hasta que esté ligeramente dorado. Agrega la espinaca; espolvorear con pimienta. Cocine y revuelva durante 1 a 2 minutos o hasta que la espinaca se marchite.

5. Cortar el bistec en cuatro porciones y rociar con la salsa balsámica. Sirve con espinacas.

FILETES DE LOMO A LA PARRILLA CON HASH DE VEGETALES DE RAÍZ RALLADA

DEBERES: 20 minutos reposo: 20 minutos grill: 10 minutos reposo: 5 minutos rinde: 4 porciones

LOS FILETES DE LOMO TIENEN UNA TEXTURA MUY TIERNA, Y LA PEQUEÑA TIRA DE GRASA DE UN LADO DEL FILETE SE PONE CRUJIENTE Y AHUMADA EN LA PARRILLA. MI FORMA DE PENSAR SOBRE LA GRASA ANIMAL HA CAMBIADO DESDE MI PRIMER LIBRO. SI ES FIEL A LOS PRINCIPIOS BÁSICOS DE THE PALEO DIET® Y MANTIENE LAS GRASAS SATURADAS ENTRE EL 10 Y EL 15 POR CIENTO DE SUS CALORÍAS DIARIAS, NO AUMENTARÁ SU RIESGO DE ENFERMEDAD CARDÍACA Y, DE HECHO, PUEDE QUE SEA CIERTO LO CONTRARIO. LA NUEVA INFORMACIÓN SUGIERE QUE LAS ELEVACIONES DEL COLESTEROL LDL EN REALIDAD PUEDEN REDUCIR LA INFLAMACIÓN SISTÉMICA, QUE ES UN FACTOR DE RIESGO DE ENFERMEDAD CARDÍACA.

3 cucharadas de aceite de oliva virgen extra

2 cucharadas de rábano picante fresco rallado

1 cucharadita de cáscara de naranja finamente rallada

½ cucharadita de comino molido

½ cucharadita de pimienta negra

4 filetes de tiras (también llamados lomo superior), cortados de aproximadamente 1 pulgada de grosor

2 chirivías medianas, peladas

1 camote grande, pelado

1 nabo mediano, pelado

1 o 2 chalotas finamente picadas

2 dientes de ajo picados

1 cucharada de tomillo fresco cortado en tiras

1. En un tazón pequeño, mezcle 1 cucharada de aceite, rábano picante, cáscara de naranja, comino y ¼ de cucharadita de pimienta. Extienda la mezcla sobre los filetes; tapar y dejar reposar a temperatura ambiente durante 15 minutos.

2. Mientras tanto, para el hachís, con un rallador de caja o un procesador de alimentos equipado con una cuchilla trituradora, triture las chirivías, la batata y el nabo. Coloque las verduras ralladas en un tazón grande; agregue chalotes. En un tazón pequeño, combine las 2 cucharadas de aceite restantes, el ¼ de cucharadita restante de pimienta, el ajo y el tomillo. Rocíe las verduras; revuelva para mezclar bien. Doble un trozo de papel de aluminio grueso de 36 × 18 pulgadas por la mitad para hacer un papel de aluminio de doble grosor que mida 18 × 18 pulgadas. Coloque la mezcla de verduras en el centro del papel de aluminio; levante los bordes opuestos del papel de aluminio y selle con un doblez. Doble los bordes restantes para encerrar completamente las verduras, dejando espacio para que se acumule el vapor.

3. Para una parrilla de carbón o gas, coloque los filetes y el paquete de papel de aluminio en la parrilla directamente a fuego medio. Cubra y cocine los bistecs durante 10 a 12 minutos para medio crudo (145 ° F) o de 12 a 15 minutos para medio (160 ° F), dándoles la vuelta una vez a la mitad de la parrilla. Ase el paquete durante 10 a 15 minutos o hasta que las verduras estén tiernas. Deje reposar los bistecs durante 5 minutos mientras las verduras terminan de cocinarse. Divida el picadillo de verduras en cuatro platos para servir; cubra con los filetes.

SALTEADO ASIÁTICO DE CARNE Y VERDURAS

DEBERES: 30 minutos de cocción: 15 minutos rinde: 4 porciones

EL POLVO DE CINCO ESPECIAS ES UNA MEZCLA DE ESPECIAS SIN SAL.AMPLIAMENTE UTILIZADO EN LA COCINA CHINA. CONSISTE EN PARTES IGUALES DE CANELA MOLIDA, CLAVO, SEMILLAS DE HINOJO, ANÍS ESTRELLADO Y GRANOS DE PIMIENTA DE SZECHWAN.

1½ libras de solomillo de ternera deshuesado o filete redondo de ternera deshuesado, cortado de 1 pulgada de grosor

1½ cucharaditas de polvo de cinco especias

3 cucharadas de aceite de coco refinado

1 cebolla morada pequeña, cortada en gajos finos

1 manojo pequeño de espárragos (aproximadamente 12 onzas), recortado y cortado en trozos de 3 pulgadas

1½ tazas de zanahorias naranjas y / o amarillas cortadas en juliana

4 dientes de ajo picados

1 cucharadita de cáscara de naranja finamente rallada

¼ de taza de jugo de naranja natural

¼ de taza de caldo de hueso de res (ver <u>receta</u>) o caldo de res sin sal agregada

¼ taza de vinagre de vino blanco

¼ a ½ cucharadita de pimiento rojo triturado

8 tazas de repollo napa rallado

½ taza de almendras en rodajas sin sal o anacardos picados en trozos grandes sin sal, tostados (vea el consejo en la página 57)

1. Si lo desea, congele parcialmente la carne para cortarla más fácilmente (unos 20 minutos). Cortar la carne en rodajas muy finas. En un tazón grande, mezcle la carne de res y el polvo de cinco especias. En un wok grande o en una sartén extragrande, caliente 1 cucharada de aceite de coco a

fuego medio-alto. Agrega la mitad de la carne; cocine y revuelva durante 3 a 5 minutos o hasta que se dore. Transfiera la carne a un tazón. Repita con la carne restante y otra cucharada de aceite. Transfiera la carne al tazón con la otra carne cocida.

2. En el mismo wok agregue la 1 cucharada de aceite restante. Agrega la cebolla; cocine y revuelva durante 3 minutos. Agrega los espárragos y las zanahorias; cocine y revuelva durante 2 a 3 minutos o hasta que las verduras estén tiernas pero crujientes. Agrega el ajo; cocine y revuelva por 1 minuto más.

3. Para la salsa, en un tazón pequeño combine la cáscara de naranja, el jugo de naranja, el caldo de hueso de res, el vinagre y el pimiento rojo triturado. Agregue la salsa y toda la carne con jugos en un tazón a las verduras en el wok. Cocine y revuelva durante 1 a 2 minutos o hasta que esté completamente caliente. Con una espumadera, transfiera las verduras de res a un tazón grande. Cubra para mantener el calor.

4. Cocine la salsa, sin tapar, a fuego medio durante 2 minutos. Agregue el repollo; cocine y revuelva durante 1 a 2 minutos o hasta que el repollo se ablande. Divida el repollo y los jugos de cocción en cuatro platos para servir. Cubra uniformemente con la mezcla de carne. Espolvorea con nueces.

FILETES DE TABLONES DE CEDRO CON UNTA ASIÁTICA Y ENSALADA DE COL

SUMERGIR: 1 hora de preparación: 40 minutos a la parrilla: 13 minutos de reposo: 10 minutos rinde: 4 porciones.

LA COL DE NAPA A VECES SE LLAMA COL CHINA. TIENE HERMOSAS HOJAS ARRUGADAS DE COLOR CREMA CON PUNTAS DE COLOR VERDE AMARILLO BRILLANTE. TIENE UN SABOR Y UNA TEXTURA DELICADOS Y SUAVES, BASTANTE DIFERENTE A LAS HOJAS CEROSAS DEL REPOLLO DE CABEZA REDONDA Y, COMO ERA DE ESPERAR, ES NATURAL EN LOS PLATOS DE ESTILO ASIÁTICO.

1 tablón de cedro grande

¼ de onza de hongos shiitake secos

¼ de taza de aceite de nuez

2 cucharaditas de jengibre fresco picado

2 cucharaditas de pimiento rojo triturado

1 cucharadita de granos de pimienta de Szechwan triturados

¼ de cucharadita de polvo de cinco especias

4 dientes de ajo picados

4 filetes de lomo de res de 4 a 5 onzas, cortados de ¾ a 1 pulgada de grosor

Repollo asiático (ver receta, debajo)

1. Coloque la tabla de la parrilla en agua; bajar de peso y remojar durante al menos 1 hora.

2. Mientras tanto, para untar asiático, en un tazón pequeño vierta agua hirviendo sobre los hongos shiitake secos; déjelo reposar durante 20 minutos para que se rehidrate. Escurre los champiñones y colócalos en un procesador de alimentos. Agregue aceite de nuez, jengibre, pimiento rojo triturado, granos de pimienta de Sichuan, polvo de cinco

especias y ajo. Cubra y procese hasta que los champiñones estén picados y los ingredientes se combinen; dejar de lado.

3. Drene la plancha de la parrilla. Para una parrilla de carbón, coloque las brasas a fuego medio alrededor del perímetro de la parrilla. Coloque la tabla sobre la parrilla directamente sobre las brasas. Tape y cocine a la parrilla durante 3 a 5 minutos o hasta que la plancha comience a crujir y humear. Coloque los bistecs en la parrilla directamente sobre las brasas; áselo a la parrilla durante 3 a 4 minutos o hasta que se queme. Transfiera los bistecs a la tabla, con los lados chamuscados hacia arriba. Coloque la tabla en el centro de la parrilla. Divida la salsa asiática entre los bistecs. Tape y cocine a la parrilla durante 10 a 12 minutos o hasta que un termómetro de lectura instantánea insertado horizontalmente en los bistecs indique 130 ° F. (Para una parrilla de gas, precaliente la parrilla. Reduzca el fuego a medio. Coloque la tabla escurrida sobre la parrilla; cubra y cocine a la parrilla durante 3 a 5 minutos o hasta que la tabla comience a crujir y humear. Coloque los filetes en la parrilla durante 3 a 4 minutos o hasta que Transfiera los filetes a la tabla, con los lados chamuscados hacia arriba. Ajuste la parrilla para cocción indirecta; coloque la tabla con los filetes sobre el quemador apagado. Divida la unta entre los bistecs. Tape y cocine a la parrilla durante 10 a 12 minutos o hasta que un termómetro de lectura instantánea insertado horizontalmente en los filetes marque 130 ° F.)

4. Retire los filetes de la parrilla. Cubra los bistecs sin apretar con papel de aluminio; déjelo reposar durante 10 minutos. Corte los bistecs en rodajas de ¼ de pulgada de grosor. Sirva el bistec sobre ensalada asiática.

Ensalada asiática: En un tazón grande combine 1 repollo napa de cabeza mediana, en rodajas finas; 1 taza de col lombarda finamente rallada; 2 zanahorias, peladas y cortadas en juliana; 1 pimiento rojo o amarillo, sin semillas y en rodajas muy finas; 4 cebolletas, finamente cortadas al bies; 1 a 2 chiles serranos, sin semillas y picados (ver<u>inclinar</u>); 2 cucharadas de cilantro picado; y 2 cucharadas de menta picada. Para aderezar, en un procesador de alimentos o licuadora combine 3 cucharadas de jugo de limón fresco, 1 cucharada de jengibre fresco rallado, 1 diente de ajo picado y ⅛ de cucharadita de polvo de cinco especias. Cubra y procese hasta que quede suave. Con el procesador en funcionamiento, agregue gradualmente ½ taza de aceite de nuez y procese hasta que quede suave. Agregue 1 cebolleta, en rodajas finas al bies, al aderezo. Rocíe sobre la ensalada y revuelva para cubrir.

FILETES DE TRES PUNTAS A LA SARTÉN CON PEPERONATA DE COLIFLOR

DEBERES: 25 minutos de cocción: 25 minutos rinde: 2 porciones

LA PEPERONATA ES TRADICIONALMENTE UN RAGU ASADO A FUEGO LENTO. DE PIMIENTOS DULCES CON CEBOLLA, AJO Y HIERBAS. ESTA VERSIÓN SALTEADA RÁPIDA, MÁS ABUNDANTE CON COLIFLOR, ACTÚA COMO GUARNICIÓN Y GUARNICIÓN.

2 filetes de tres puntas de 4 a 6 onzas, cortados de ¾ a 1 pulgada de grosor
¾ cucharadita de pimienta negra
2 cucharadas de aceite de oliva virgen extra
2 pimientos rojos y / o amarillos, sin semillas y en rodajas
1 chalota, en rodajas finas
1 cucharadita de condimento mediterráneo (ver receta)
2 tazas de floretes de coliflor pequeños
2 cucharadas de vinagre balsámico
2 cucharaditas de tomillo fresco cortado en tiras

1. Seque los bistecs con toallas de papel. Espolvoree los filetes con ¼ de cucharadita de pimienta negra. En una sartén grande, caliente 1 cucharada de aceite a fuego medio-alto. Agrega los filetes a la sartén; reduzca el fuego a medio. Cocine los bistecs durante 6 a 9 minutos a fuego medio (145 ° F), volteándolos ocasionalmente. (Si la carne se dora demasiado rápido, reduzca el fuego). Retire los filetes de la sartén; cubra sin apretar con papel de aluminio para mantener el calor.

2. Para la peperonata, agregue la 1 cucharada de aceite restante a la sartén. Agregue los pimientos dulces y la

chalota. Espolvorea con condimento mediterráneo. Cocine a fuego medio unos 5 minutos o hasta que los pimientos se ablanden, revolviendo ocasionalmente. Agregue la coliflor, el vinagre balsámico, el tomillo y la ½ cucharadita de pimienta negra restante. Tape y cocine de 10 a 15 minutos o hasta que la coliflor esté tierna, revolviendo ocasionalmente. Regrese los filetes a la sartén. Vierta la mezcla de peperonata sobre los filetes. Servir inmediatamente.

FILETES A LA PLANCHA AU POIVRE CON SALSA DE CHAMPIÑONES Y DIJON

DEBERES: 15 minutos de cocción: 20 minutos rinde: 4 porciones

ESTE BISTEC DE INSPIRACIÓN FRANCESA CON SALSA DE CHAMPIÑONES PUEDE ESTAR SOBRE LA MESA EN POCO MÁS DE 30 MINUTOS, LO QUE LO CONVIERTE EN UNA EXCELENTE OPCIÓN PARA UNA COMIDA RÁPIDA ENTRE SEMANA.

FILETES

3 cucharadas de aceite de oliva virgen extra

1 libra de espárragos pequeños, recortados

4 filetes de plancha de 6 onzas (paleta de paleta de res deshuesada) *

2 cucharadas de romero fresco cortado en tiras

1½ cucharaditas de pimienta negra molida

SALSA

8 onzas de champiñones frescos en rodajas

2 dientes de ajo picados

½ taza de caldo de hueso de res (ver receta)

¼ taza de vino blanco seco

1 cucharada de mostaza estilo Dijon (ver receta)

1. En una sartén grande, caliente 1 cucharada de aceite a fuego medio-alto. Agrega los espárragos; cocine de 8 a 10 minutos o hasta que estén tiernos y crujientes, dando vuelta a los tallos de vez en cuando para que no se quemen. Transfiera los espárragos a un plato; Cubrir con papel de aluminio para mantener el calor.

2. Espolvoree los filetes con romero y pimienta; frote con los dedos. En la misma sartén calienta las 2 cucharadas de aceite restantes a fuego medio-alto. Agrega los filetes;

reduzca el fuego a medio. Cocine de 8 a 12 minutos a fuego medio (145 ° F), volteando la carne de vez en cuando. (Si la carne se dora demasiado rápido, reduzca el fuego). Retire la carne de la sartén, reservando la grasa. Cubra los filetes sin apretar con papel de aluminio para mantenerlos calientes.

3. Para la salsa, agregue los champiñones y el ajo a la grasa de la sartén; cocine hasta que estén tiernos, revolviendo ocasionalmente. Agregue caldo, vino y mostaza estilo Dijon. Cocine a fuego medio, raspando los trozos dorados en el fondo de la sartén. Llevar a ebullición; cocine por 1 minuto más.

4. Divida los espárragos en cuatro platos llanos. Cubra con los filetes; vierta salsa sobre los filetes.

* Nota: Si no puede encontrar filetes de hierro plano de 6 onzas, compre dos filetes de 8 a 12 onzas y córtelos por la mitad para hacer cuatro filetes.

FILETES A LA PLANCHA CON ENSALADA DE SALSA Y CEBOLLAS CARAMELIZADAS CON CHIPOTLE

DEBERES: 30 minutos marinar: 2 horas hornear: 20 minutos enfriar: 20 minutos grill: 45 minutos rinde: 4 porciones

EL BISTEC A LA PLANCHA ES RELATIVAMENTE NUEVO. CORTE DESARROLLADO HACE APENAS UNOS AÑOS. CORTADO DE LA SABROSA SECCIÓN DEL MANDRIL CERCA DEL OMÓPLATO, ES SORPRENDENTEMENTE TIERNO Y SABE MUCHO MÁS CARO DE LO QUE ES, LO QUE PROBABLEMENTE EXPLICA SU RÁPIDO AUMENTO EN POPULARIDAD.

FILETES
⅓ taza de jugo de lima fresco

¼ taza de aceite de oliva virgen extra

¼ de taza de cilantro picado grueso

5 dientes de ajo picados

4 filetes de plancha de 6 onzas (paleta de paleta de res deshuesada)

ENSALADA DE SALSA
1 pepino (inglés) sin semillas (pelado si lo desea), cortado en cubitos

1 taza de tomates uva en cuartos

½ taza de cebolla morada picada

½ taza de cilantro picado grueso

1 chile poblano, sin semillas y cortado en cubitos (ver inclinar)

1 jalapeño, sin semillas y picado (ver inclinar)

3 cucharadas de jugo de limón fresco

2 cucharadas de aceite de oliva virgen extra

CEBOLLAS CARAMELIZADAS
2 cucharadas de aceite de oliva virgen extra

2 cebollas dulces grandes (como Maui, Vidalia, Texas Sweet o Walla Walla)
½ cucharadita de chile chipotle molido

1. Para los bistecs, coloque los bistecs en una bolsa de plástico con cierre en un plato poco profundo; dejar de lado. En un tazón pequeño combine el jugo de limón, el aceite, el cilantro y el ajo; vierta sobre los filetes en la bolsa. Sellar la bolsa; dar vuelta para pegar. Deje marinar en el frigorífico durante 2 horas.

2. Para la ensalada, en un tazón grande combine el pepino, los tomates, la cebolla, el cilantro, el poblano y el jalapeño. Mezcle para combinar. Para el aderezo, en un tazón pequeño mezcle el jugo de limón y el aceite de oliva. Rocíe el aderezo sobre las verduras; revuelva para cubrir. Cubra y refrigere hasta el momento de servir.

3. Para las cebollas, precaliente el horno a 400 ° F. Cepille el interior de un horno holandés con un poco de aceite de oliva; dejar de lado. Corte las cebollas por la mitad a lo largo, quíteles la piel y luego córtelas transversalmente de ¼ de pulgada de grosor. En el horno holandés combine el aceite de oliva restante, las cebollas y el chile chipotle. Tape y hornee por 20 minutos. Destapar y dejar enfriar unos 20 minutos.

4. Transfiera las cebollas enfriadas a una bolsa para asar de aluminio o envuelva las cebollas en un papel de aluminio de doble espesor. Pincha la parte superior del papel de aluminio en varios lugares con una brocheta.

5. Para una parrilla de carbón, coloque las brasas a fuego medio alrededor del perímetro de la parrilla. Pruebe a fuego medio por encima del centro de la parrilla. Coloque

el paquete en el centro de la parrilla. Tape y cocine a la parrilla durante unos 45 minutos o hasta que las cebollas estén suaves y de color ámbar. (Para una parrilla de gas, precaliente la parrilla. Reduzca el fuego a medio. Ajuste para cocción indirecta. Coloque el paquete sobre el quemador que está apagado. Tape y cocine a la parrilla como se indica).

6. Retire los filetes de la marinada; desechar la marinada. Para una parrilla de carbón o gas, coloque los bistecs en la parrilla directamente a fuego medio-alto. Tape y cocine a la parrilla durante 8 a 10 minutos o hasta que un termómetro de lectura instantánea insertado horizontalmente en los bistecs indique 135 ° F, girando una vez. Transfiera los filetes a una fuente, cúbralos sin apretar con papel de aluminio y déjelos reposar durante 10 minutos.

7. Para servir, divida la ensalada de salsa en cuatro platos para servir. Coloque un filete en cada plato y cubra con un montón de cebollas caramelizadas. Servir inmediatamente.

Instrucciones para preparar con anticipación: La ensalada de salsa se puede preparar y refrigerar hasta 4 horas antes de servir.

RIBEYES A LA PARRILLA CON CEBOLLA A LAS HIERBAS Y "MANTEQUILLA" DE AJO

DEBERES: 10 minutos de cocción: 12 minutos de enfriamiento: 30 minutos de grill: 11 minutos de preparación: 4 porciones

EL CALOR DE LOS BISTECS RECIÉN HECHOS A LA PARRILLA SE DERRITE LOS MONTONES DE CEBOLLAS CARAMELIZADAS, AJO Y HIERBAS SUSPENDIDAS EN UNA MEZCLA DE RICO SABOR DE ACEITE DE COCO Y ACEITE DE OLIVA.

2 cucharadas de aceite de coco sin refinar

1 cebolla pequeña, cortada por la mitad y cortada en rodajas muy finas (aproximadamente ¾ de taza)

1 diente de ajo, en rodajas muy finas

2 cucharadas de aceite de oliva virgen extra

1 cucharada de perejil fresco cortado en tiras

2 cucharaditas de tomillo, romero y / o orégano fresco, cortado en tiras

4 filetes de chuletón de res de 8 a 10 onzas, cortados de 1 pulgada de grosor

½ cucharadita de pimienta negra recién molida

1. En una sartén mediana, derrita el aceite de coco a fuego lento. Agrega la cebolla; cocine de 10 a 15 minutos o hasta que esté ligeramente dorado, revolviendo ocasionalmente. Agrega el ajo; cocine de 2 a 3 minutos más o hasta que la cebolla esté dorada, revolviendo ocasionalmente.

2. Transfiera la mezcla de cebolla a un tazón pequeño. Agregue el aceite de oliva, el perejil y el tomillo. Refrigere, sin tapar, durante 30 minutos o hasta que la mezcla esté lo suficientemente firme como para formar un montículo al sacarla, revolviendo ocasionalmente.

3. Mientras tanto, espolvoree los filetes con pimienta. Para una parrilla de carbón o gas, coloque los bistecs en la parrilla directamente a fuego medio. Tape y cocine a la parrilla durante 11 a 15 minutos para medio crudo (145 ° F) o de 14 a 18 minutos para medio (160 ° F), volteando una vez a la mitad de la parrilla.

4. Para servir, coloque cada filete en un plato para servir. Inmediatamente, vierta la mezcla de cebolla de manera uniforme sobre los filetes.

ENSALADA DE CHULETÓN CON REMOLACHA A LA PARRILLA

DEBERES: 20 minutos grill: 55 minutos reposo: 5 minutos rinde: 4 porciones

EL SABOR TERROSO DE LA REMOLACHA COMBINA MARAVILLOSAMENTE CON LA DULZURA DE LAS NARANJAS Y LAS NUECES TOSTADAS AÑADEN UN TOQUE CRUJIENTE A ESTA ENSALADA DE PLATO PRINCIPAL QUE ES PERFECTA PARA COMER AL AIRE LIBRE EN UNA CÁLIDA NOCHE DE VERANO.

1 libra de remolacha mediana dorada y / o roja, lavada, recortada y cortada en gajos

1 cebolla pequeña, cortada en gajos finos

2 ramitas de tomillo fresco

1 cucharada de aceite de oliva virgen extra

 Pimienta negra molida

2 filetes de chuletón de ternera deshuesados de 8 onzas, cortados de ¾ de pulgada de grosor

2 dientes de ajo, cortados por la mitad

2 cucharadas de condimento mediterráneo (ver receta)

6 tazas de lechugas mixtas

2 naranjas, peladas, cortadas y picadas en trozos grandes

½ taza de nueces picadas, tostadas (ver inclinar)

½ taza de vinagreta de cítricos brillante (ver receta)

1. Coloque las ramitas de remolacha, cebolla y tomillo en una bandeja de aluminio. Rocíe con aceite y revuelva para combinar; espolvorear ligeramente con pimienta negra molida. Para una parrilla de carbón o gas, coloque la sartén en el centro de la parrilla. Tape y cocine a la parrilla de 55 a 60 minutos o hasta que estén tiernos al pincharlos con un cuchillo, revolviendo ocasionalmente.

2. Mientras tanto, frote ambos lados de los filetes con los lados cortados del ajo; espolvorear con condimento mediterráneo.

3. Mueva las remolachas del centro de la parrilla para dejar espacio para los bistecs. Agregue los filetes a la parrilla directamente a fuego medio. Tape y cocine a la parrilla durante 11 a 15 minutos para medio crudo (145 ° F) o de 14 a 18 minutos para medio (160 ° F), volteando una vez a la mitad de la parrilla. Retire la bandeja de aluminio y los filetes de la parrilla. Deje reposar los filetes durante 5 minutos. Deseche las ramitas de tomillo de la bandeja de aluminio.

4. Cortar el bistec en rodajas finas en diagonal en trozos del tamaño de un bocado. Divida las verduras en cuatro platos para servir. Cubra con filete en rodajas, remolacha, rodajas de cebolla, naranjas picadas y nueces. Rocíe con vinagreta de cítricos brillante.

COSTILLAS AL ESTILO COREANO CON REPOLLO DE JENGIBRE SALTEADO

DEBERES: 50 minutos de cocción: 25 minutos de horneado: 10 horas de enfriamiento: durante la noche rinde: 4 porciones

ASEGÚRESE DE QUE LA TAPA DE SU HORNO HOLANDÉS ENCAJA MUY BIEN PARA QUE DURANTE EL TIEMPO DE COCCIÓN MUY LARGO, EL LÍQUIDO DE COCCIÓN NO SE EVAPORE POR UN ESPACIO ENTRE LA TAPA Y LA OLLA.

1 onza de hongos shiitake secos

1½ tazas de cebolletas en rodajas

1 pera asiática, pelada, sin corazón y picada

1 pieza de jengibre fresco de 3 pulgadas, pelado y picado

1 chile serrano, finamente picado (sin semillas si se desea) (ver inclinar)

5 dientes de ajo

1 cucharada de aceite de coco refinado

5 libras de costillas de res con hueso

Pimienta negra recién molida

4 tazas de caldo de hueso de res (ver receta) o caldo de res sin sal agregada

2 tazas de hongos shiitake frescos en rodajas

1 cucharada de cáscara de naranja finamente rallada

⅓ taza de jugo fresco

Repollo con jengibre salteado (ver receta, debajo)

Cáscara de naranja finamente rallada (opcional)

1. Precaliente el horno a 325 ° F. Coloque los hongos shiitake secos en un tazón pequeño; agregue suficiente agua hirviendo para cubrir. Deje reposar unos 30 minutos o hasta que esté rehidratado y suave. Escurrir, reservando el líquido de remojo. Pica finamente los champiñones. Coloque los champiñones en un tazón pequeño; cúbralo y

refrigérelo hasta que lo necesite en el Paso 4. Aparte los champiñones y el líquido.

2. Para la salsa, en un procesador de alimentos combine las cebolletas, la pera asiática, el jengibre, el serrano, el ajo y el líquido de remojo de hongos reservado. Cubra y procese hasta que quede suave. Ponga la salsa a un lado.

3. En una olla de 6 cuartos de galón, caliente el aceite de coco a fuego medio-alto. Espolvoree las costillas con pimienta negra recién molida. Cocine las costillas, en tandas, en aceite de coco caliente durante unos 10 minutos o hasta que estén bien doradas por todos lados, volteando a la mitad de la cocción. Regrese todas las costillas a la olla; agregue la salsa y el caldo de res. Cubra el horno holandés con una tapa hermética. Hornee unas 10 horas o hasta que la carne esté muy tierna y se desprenda de los huesos.

4. Retire con cuidado las costillas de la salsa. Coloque las costillas y la salsa en recipientes separados. Cubra y refrigere durante la noche. Cuando esté fría, retire la grasa de la superficie de la salsa y deséchela. Lleve la salsa a ebullición a fuego alto; agregue los champiñones hidratados del Paso 1 y los champiñones frescos. Hervir suavemente durante 10 minutos para reducir la salsa e intensificar los sabores. Regrese las costillas a la salsa; cocine a fuego lento hasta que esté completamente caliente. Agregue 1 cucharada de cáscara de naranja y el jugo de naranja. Sirva con repollo de jengibre salteado. Si lo desea, espolvoree con cáscara de naranja adicional.

Repollo con jengibre salteado: En una sartén grande, caliente 1 cucharada de aceite de coco refinado a fuego medio-alto.

Agrega 2 cucharadas de jengibre fresco picado; 2 dientes de ajo picados; y pimiento rojo triturado al gusto. Cocine y revuelva hasta que esté fragante, unos 30 segundos. Agregue 6 tazas de napa rallada, col rizada o col verde y 1 pera asiática, pelada, sin corazón y en rodajas finas. Cocine y revuelva durante 3 minutos o hasta que el repollo se marchite un poco y la pera se ablande. Agregue ½ taza de jugo de manzana sin azúcar. Tape y cocine unos 2 minutos hasta que el repollo esté tierno. Agregue ½ taza de cebolletas en rodajas y 1 cucharada de semillas de sésamo.

COSTILLITAS DE RES CON GREMOLATA DE CÍTRICOS E HINOJO

DEBERES: Parrilla de 40 minutos: 8 minutos de cocción lenta: 9 horas (baja) o 4½ horas (alta) Rinde: 4 porciones

GREMOLATA ES UNA MEZCLA SABROSA DE PEREJIL, AJO Y CÁSCARA DE LIMÓN QUE SE ESPOLVOREA SOBRE OSSO BUCCO, EL CLÁSICO PLATO ITALIANO DE PIERNAS DE TERNERA ESTOFADAS, PARA ILUMINAR SU RICO Y UNTUOSO SABOR. CON LA ADICIÓN DE CÁSCARA DE NARANJA Y HOJAS FRESCAS DE HINOJO PLUMOSO, HACE LO MISMO CON ESTAS TIERNAS COSTILLAS DE RES.

COSTILLAS

2½ a 3 libras de costillas de res con hueso

3 cucharadas de condimento de hierbas de limón (ver receta)

1 bulbo de hinojo mediano

1 cebolla grande, cortada en gajos grandes

2 tazas de caldo de hueso de res (ver receta) o caldo de res sin sal agregada

2 dientes de ajo, cortados por la mitad

CALABAZA ASADA

3 cucharadas de aceite de oliva virgen extra

1 libra de calabaza, pelada, sin semillas y cortada en trozos de ½ pulgada (aproximadamente 2 tazas)

4 cucharaditas de tomillo fresco cortado en tiras

Aceite de oliva virgen extra

GREMOLATA

¼ taza de perejil fresco cortado en tiras

2 cucharadas de ajo picado

1½ cucharaditas de cáscara de limón finamente rallada

1½ cucharaditas de cáscara de naranja finamente rallada

1. Espolvoree las costillas con el condimento de hierbas de limón; frote ligeramente la carne con los dedos; dejar de lado. Quite las hojas del hinojo; reservar para Gremolata de cítricos e hinojo. Recorta y corta en cuartos el bulbo de hinojo.

2. Para una parrilla de carbón, coloque las brasas a fuego medio en un lado de la parrilla. Pruebe a fuego medio por encima del costado de la parrilla sin carbón. Coloque las costillas en la rejilla de la parrilla por el lado sin brasas; coloque los cuartos de hinojo y las rodajas de cebolla en la rejilla directamente sobre las brasas. Tape y cocine a la parrilla durante 8 a 10 minutos o hasta que las verduras y las costillas estén doradas, volteando una vez a la mitad de la parrilla. (Para una parrilla de gas, precaliente la parrilla, reduzca el fuego a medio. Ajuste para cocción indirecta. Coloque las costillas en la parrilla sobre el quemador apagado; coloque el hinojo y la cebolla en la parrilla sobre el quemador encendido. Tape y cocine a la parrilla como se indica.) Cuando esté lo suficientemente frío como para manipularlo, pique en trozos grandes el hinojo y la cebolla.

3. En una olla de cocción lenta de 5 a 6 cuartos, combine el hinojo y la cebolla picados, el caldo de hueso de res y el ajo. Agrega las costillas. Tape y cocine a fuego lento durante 9 a 10 horas o de 4½ a 5 horas a fuego alto. Con una espumadera, transfiera las costillas a un plato; Cubrir con papel de aluminio para mantener el calor.

4. Mientras tanto, para la calabaza, en una sartén grande caliente las 3 cucharadas de aceite a fuego medio-alto.

Agregue la calabaza y 3 cucharaditas de tomillo, revolviendo para cubrir la calabaza. Coloque la calabaza en una sola capa en una sartén y cocine sin revolver durante unos 3 minutos o hasta que se dore en los lados inferiores. Dar la vuelta a los trozos de calabaza; cocine unos 3 minutos más o hasta que se doren los segundos lados. Reduzca el fuego a bajo; tape y cocine de 10 a 15 minutos o hasta que estén tiernos. Espolvorea con la cucharadita restante de tomillo fresco; rocíe con aceite de oliva virgen extra adicional.

5. Para la gremolata, pique finamente suficientes hojas de hinojo reservadas para hacer ¼ de taza. En un tazón pequeño, mezcle las hojas de hinojo picadas, el perejil, el ajo, la piel de limón y la piel de naranja.

6. Espolvoree gremolata sobre las costillas. Sirve con calabaza.

EMPANADAS DE CARNE AL ESTILO SUECO CON ENSALADA DE PEPINO CON MOSTAZA Y ENELDO

DEBERES: 30 minutos de cocción: 15 minutos rinde: 4 porciones

BEEF À LA LINDSTROM ES UNA HAMBURGUESA SUECATRADICIONALMENTE TACHONADO DE CEBOLLAS, ALCAPARRAS Y REMOLACHA EN ESCABECHE, SERVIDO CON SALSA Y SIN PANECILLO. ESTA VERSIÓN CON INFUSIÓN DE PIMIENTA DE JAMAICA SUSTITUYE LAS REMOLACHAS ASADAS POR LAS REMOLACHAS Y ALCAPARRAS EN ESCABECHE CARGADAS DE SAL Y SE CUBRE CON UN HUEVO FRITO.

ENSALADA DE PEPINO

2 cucharaditas de jugo de naranja natural

2 cucharaditas de vinagre de vino blanco

1 cucharadita de mostaza estilo Dijon (ver receta)

1 cucharada de aceite de oliva virgen extra

1 pepino grande sin semillas (inglés), pelado y en rodajas

2 cucharadas de cebolletas en rodajas

1 cucharada de eneldo fresco picado

EMPANADAS DE CARNE

1 libra de carne molida

¼ de taza de cebolla finamente picada

1 cucharada de mostaza estilo Dijon (ver receta)

¾ cucharadita de pimienta negra

½ cucharadita de pimienta gorda molida

½ de remolacha pequeña, asada, pelada y finamente picada *

2 cucharadas de aceite de oliva virgen extra

½ taza de caldo de hueso de res (ver receta) o caldo de res sin sal agregada

4 huevos grandes

1 cucharada de cebollino finamente picado

1. Para la ensalada de pepino, en un tazón grande mezcle el jugo de naranja, el vinagre y la mostaza estilo Dijon. Agregue lentamente el aceite de oliva en un chorro fino, batiendo hasta que el aderezo espese un poco. Agrega el pepino, las cebolletas y el eneldo; revuelva hasta que esté combinado. Cubra y refrigere hasta el momento de servir.

2. Para las hamburguesas de carne, en un tazón grande combine la carne molida, la cebolla, la mostaza estilo Dijon, la pimienta y la pimienta de Jamaica. Agregue la remolacha asada y mezcle suavemente hasta que se incorpore uniformemente a la carne. Forme la mezcla en cuatro empanadas de ½ pulgada de grosor.

3. En una sartén grande, caliente 1 cucharada de aceite de oliva a fuego medio-alto. Freír las hamburguesas durante unos 8 minutos o hasta que se doren por fuera y estén bien cocidas (160 °), volteándolas una vez. Transfiera las hamburguesas a un plato y cúbralas sin apretar con papel de aluminio para mantenerlas calientes. Agregue el caldo de hueso de res, revolviendo para raspar los trozos dorados del fondo de la sartén. Cocine unos 4 minutos o hasta que se reduzca a la mitad. Rocíe las hamburguesas con el jugo reducido de la sartén y vuelva a tapar sin apretar.

4. Enjuague y limpie la sartén con una toalla de papel. Caliente la 1 cucharada de aceite de oliva restante a fuego medio. Freír los huevos en aceite caliente durante 3 a 4 minutos o hasta que las claras estén cocidas pero las yemas permanezcan blandas y líquidas.

5. Coloque un huevo en cada empanada de carne. Espolvorea con cebollino y sirve con ensalada de pepino.

* Consejo: Para asar la remolacha, friega bien y coloca sobre un trozo de papel de aluminio. Rocíe con un poco de aceite de oliva. Envolver en papel aluminio y sellar herméticamente. Ase en un horno a 375 ° F durante unos 30 minutos o hasta que un tenedor perfore fácilmente la remolacha. Dejar enfriar; deslizarse fuera de la piel. (La remolacha se puede asar hasta con 3 días de anticipación. Envuelva bien las remolachas asadas peladas y guárdelas en el refrigerador).

HAMBURGUESAS DE TERNERA ASADAS EN RÚCULA CON TUBÉRCULOS ASADOS

DEBERES: 40 minutos de cocción: 35 minutos de asado: 20 minutos rinde: 4 porciones

HAY MUCHOS ELEMENTOS A ESTAS SUSTANCIOSAS HAMBURGUESAS, Y SE NECESITA UN POCO DE TIEMPO PARA ARMARLAS, PERO LA INCREÍBLE COMBINACIÓN DE SABORES HACE QUE VALGA LA PENA EL ESFUERZO: UNA HAMBURGUESA CON CARNE SE CUBRE CON CEBOLLA CARAMELIZADA Y SALSA DE CHAMPIÑONES Y SE SIRVE CON VEGETALES DULCES ASADOS Y PIMIENTA RÚCULA.

5 cucharadas de aceite de oliva virgen extra

2 tazas de champiñones frescos, cremini y / o shiitake en rodajas

3 cebollas amarillas, en rodajas finas *

2 cucharaditas de semillas de alcaravea

3 zanahorias, peladas y cortadas en trozos de 1 pulgada

2 chirivías, peladas y cortadas en trozos de 1 pulgada

1 calabaza bellota, cortada a la mitad, sin semillas y cortada en gajos

 Pimienta negra recién molida

2 libras de carne molida

½ taza de cebolla finamente picada

1 cucharada de mezcla de condimentos para todo uso sin sal

2 tazas de caldo de hueso de res (ver receta) o caldo de res sin sal agregada

¼ de taza de jugo de manzana sin azúcar

1 a 2 cucharadas de vinagre de vino blanco o jerez seco

1 cucharada de mostaza estilo Dijon (ver receta)

1 cucharada de hojas de tomillo frescas cortadas en tiras

1 cucharada de perejil fresco cortado en tiras

8 tazas de hojas de rúcula

1. Precaliente el horno a 425 ° F. Para la salsa, en una sartén grande caliente 1 cucharada de aceite de oliva a fuego medio-alto. Agrega los champiñones; cocine y revuelva unos 8 minutos o hasta que estén bien dorados y tiernos. Con una espumadera, transfiera los champiñones a un plato. Regrese la sartén al fuego; reduzca el fuego a medio. Agregue la 1 cucharada restante de aceite de oliva, las cebollas en rodajas y las semillas de alcaravea. Tape y cocine durante 20 a 25 minutos o hasta que las cebollas estén muy suaves y ricamente doradas, revolviendo ocasionalmente. (Ajuste el calor según sea necesario para evitar que las cebollas se quemen).

2. Mientras tanto, para los tubérculos asados, en una bandeja para hornear grande coloque las zanahorias, las chirivías y la calabaza. Rocíe con 2 cucharadas de aceite de oliva y espolvoree con pimienta al gusto; revuelva para cubrir las verduras. Ase durante 20 a 25 minutos o hasta que estén tiernos y comiencen a dorarse, volteando una vez a la mitad del asado. Mantenga las verduras calientes hasta que estén listas para servir.

3. Para las hamburguesas, en un tazón grande combine la carne molida, la cebolla finamente picada y la mezcla de condimentos. Divida la mezcla de carne en cuatro porciones iguales y forme hamburguesas de aproximadamente ¾ de pulgada de grosor. En una sartén extra grande, caliente la cucharada de aceite de oliva restante a fuego medio-alto. Agrega las hamburguesas a la sartén; cocine unos 8 minutos o hasta que se quemen por ambos lados, volteando una vez. Transfiera las hamburguesas a un plato.

4. Agregue las cebollas caramelizadas, los champiñones reservados, el caldo de hueso de res, el jugo de manzana, el jerez y la mostaza estilo Dijon a la sartén, revolviendo para combinar. Regrese las hamburguesas a la sartén. Llevar a fuego lento. Cocine hasta que las hamburguesas estén cocidas (160 ° F), aproximadamente de 7 a 8 minutos. Agregue el tomillo fresco, el perejil y la pimienta al gusto.

5. Para servir, coloque 2 tazas de rúcula en cada uno de los cuatro platos para servir. Divida las verduras asadas entre las ensaladas, luego cubra con hamburguesas. Vierta generosamente la mezcla de cebolla sobre las hamburguesas.

* Consejo: una cortadora de mandolina es de gran ayuda para cortar cebollas en rodajas finas.

HAMBURGUESAS DE TERNERA A LA PARRILLA CON TOMATES CON COSTRA DE SÉSAMO

DEBERES: 30 minutos reposo: 20 minutos grill: 10 minutos rinde: 4 porciones

RODAJAS DE TOMATE CRUJIENTES Y DORADAS CON COSTRA DE SÉSAMO SUSTITUYA EL TRADICIONAL BOLLO DE SEMILLAS DE SÉSAMO EN ESTAS HAMBURGUESAS AHUMADAS. SÍRVELOS CON CUCHILLO Y TENEDOR.

Rodajas de tomate rojo o verde de 4 ½ pulgada de grosor *

1¼ libras de carne molida magra

1 cucharada de condimento ahumado (ver receta)

1 huevo grande

¾ taza de harina de almendras

¼ taza de semillas de sésamo

¼ de cucharadita de pimienta negra

1 cebolla morada pequeña, cortada por la mitad y en rodajas

1 cucharada de aceite de oliva virgen extra

¼ taza de aceite de coco refinado

1 lechuga Bibb de cabeza pequeña

Ketchup Paleo (ver receta)

Mostaza estilo Dijon (ver receta)

1. Coloque las rodajas de tomate sobre una doble capa de toallas de papel. Cubra los tomates con otra capa doble de toallas de papel. Presiona ligeramente las toallas de papel para que se peguen a los tomates. Deje reposar a temperatura ambiente durante 20 a 30 minutos para que se absorba parte del jugo de tomate.

2. Mientras tanto, en un tazón grande combine la carne molida y el condimento ahumado. Forme cuatro hamburguesas de ½ pulgada de grosor.

3. En un tazón poco profundo, bata ligeramente el huevo con un tenedor. En otro tazón poco profundo, combine la harina de almendras, las semillas de sésamo y la pimienta. Sumerja cada rodaja de tomate en el huevo, dándoles la vuelta para cubrirlos. Deje que el exceso de huevo se escurra. Sumerja cada rodaja de tomate en la mezcla de harina de almendras, dándoles la vuelta para cubrirlas. Coloque los tomates rebozados en un plato plano; dejar de lado. Mezcle las rodajas de cebolla con aceite de oliva; coloque las rodajas de cebolla en una canasta para asar.

4. Para una parrilla de carbón o gas, coloque las cebollas en la canasta y las empanadas de carne en la parrilla a fuego medio. Tape y cocine a la parrilla durante 10 a 12 minutos o las cebollas estarán doradas y ligeramente carbonizadas y las hamburguesas estarán listas (160 °), revolviendo las cebollas ocasionalmente y volteando las hamburguesas una vez.

5. Mientras tanto, en una sartén grande caliente el aceite a fuego medio. Agrega las rodajas de tomate; cocine de 8 a 10 minutos o hasta que estén doradas, volteando una vez. (Si los tomates se doran demasiado rápido, reduzca el fuego a medio-bajo. Si es necesario, agregue más aceite). Escurra en un plato forrado con papel toalla.

6. Para servir, divida la lechuga en cuatro platos para servir. Cubra con empanadas, cebollas, salsa de tomate Paleo, mostaza estilo Dijon y tomates con costra de sésamo.

* Nota: Probablemente necesitará 2 tomates grandes. Si usa tomates rojos, elija tomates que estén maduros pero que aún estén un poco firmes.

HAMBURGUESAS EN UN PALITO CON SALSA PARA MOJAR BABA GHANOUSH

SUMERGIR: 15 minutos de preparación: 20 minutos a la parrilla: 35 minutos rinde: 4 porciones

BABA GHANOUSH ES UNA EXTENSIÓN DEL MEDIO ORIENTEHECHO DE BERENJENA AHUMADA A LA PARRILLA HECHA PURÉ CON ACEITE DE OLIVA, LIMÓN, AJO Y TAHINI, UNA PASTA HECHA DE SEMILLAS DE SÉSAMO MOLIDAS. UNA PIZCA DE SEMILLAS DE SÉSAMO ESTÁ BIEN, PERO CUANDO SE CONVIERTEN EN ACEITE O PASTA, SE CONVIERTEN EN UNA FUENTE CONCENTRADA DE ÁCIDO LINOLEICO, QUE PUEDE CONTRIBUIR A LA INFLAMACIÓN. LA MANTEQUILLA DE PIÑONES QUE SE UTILIZA AQUÍ ES UN BUEN SUSTITUTO.

4 tomates secos

1½ libras de carne molida magra

3 a 4 cucharadas de cebolla finamente picada

1 cucharada de orégano fresco finamente cortado y / o menta fresca finamente cortado o ½ cucharadita de orégano seco, triturado

¼ de cucharadita de pimienta de cayena

Salsa para mojar Baba Ghanoush (ver receta, debajo)

1. Remoje ocho brochetas de madera de 10 pulgadas en agua durante 30 minutos. Mientras tanto, en un tazón pequeño vierta agua hirviendo sobre los tomates; déjelo reposar durante 5 minutos para que se rehidrate. Escurra los tomates y séquelos con toallas de papel.

2. En un tazón grande combine los tomates picados, la carne molida, la cebolla, el orégano y la pimienta de cayena. Divida la mezcla de carne en ocho porciones; enrolle cada

porción en una bola. Retire las brochetas del agua; seque. Enhebre una bola en una brocheta y forme un óvalo largo alrededor de la brocheta, comenzando justo debajo de la punta puntiaguda y dejando suficiente espacio en el otro extremo para poder sostener el palo. Repita con el resto de las brochetas y las bolas.

3. Para una parrilla de carbón o gas, coloque las brochetas de carne en una parrilla directamente a fuego medio. Tape y cocine a la parrilla unos 6 minutos o hasta que esté cocido (160 ° F), volteando una vez a la mitad de la parrilla. Sirva con salsa para mojar Baba Ghanoush.

Salsa para mojar Baba Ghanoush: Pinche 2 berenjenas medianas en varios lugares con un tenedor. Para una parrilla de carbón o gas, coloque las berenjenas en una rejilla para parrilla directamente a fuego medio. Cubra y cocine a la parrilla durante 10 minutos o hasta que se quemen por todos lados, dándoles vuelta varias veces durante la parrilla. Retire las berenjenas y envuélvalas con cuidado en papel de aluminio. Vuelva a colocar las berenjenas envueltas en la parrilla, pero no directamente sobre las brasas. Tape y cocine a la parrilla durante 25 a 35 minutos más o hasta que se derrumbe y esté muy tierno. Fresco. Corte las berenjenas a la mitad y raspe la pulpa; coloque la carne en un procesador de alimentos. Agregue ¼ de taza de mantequilla de piñones (ver<u>receta</u>); ¼ de taza de jugo de limón fresco; 2 dientes de ajo picados; 1 cucharada de aceite de oliva extra virgen; 2 a 3 cucharadas de perejil fresco cortado en tiras; y ½ cucharadita de comino molido. Cubra y procese hasta que esté casi suave. Si la salsa está demasiado espesa para mojar, agregue suficiente agua para obtener la consistencia deseada.

PIMIENTOS DULCES RELLENOS AHUMADOS

DEBERES: 20 minutos de cocción: 8 minutos de horneado: 30 minutos rinde: 4 porciones

HAZ DE ESTE FAVORITO DE LA FAMILIA CON UNA MEZCLA DE PIMIENTOS DULCES DE COLORES PARA UN PLATO LLAMATIVO. LOS TOMATES ASADOS AL FUEGO SON UN BUEN EJEMPLO DE CÓMO AGREGAR UN GRAN SABOR A LA COMIDA DE UNA MANERA SALUDABLE. EL SIMPLE HECHO DE QUEMAR LIGERAMENTE LOS TOMATES ANTES DE ENLATARLOS (SIN SAL) AUMENTA SU SABOR.

4 pimientos dulces grandes verdes, rojos, amarillos y / o anaranjados

1 libra de carne molida

1 cucharada de condimento ahumado (ver receta)

1 cucharada de aceite de oliva virgen extra

1 cebolla amarilla pequeña, picada

3 dientes de ajo picados

1 coliflor de cabeza pequeña, sin corazón y partida en floretes

1 lata de 15 onzas de tomates asados al fuego picados sin sal agregada, escurridos

¼ taza de perejil fresco finamente picado

½ cucharadita de pimienta negra

⅛ cucharadita de pimienta de cayena

½ taza de cobertura de migas de nueces (ver receta, debajo)

1. Precaliente el horno a 375 ° F. Corte los pimientos dulces por la mitad verticalmente. Quite los tallos, semillas y membranas; descarte. Aparte las mitades de pimiento.

2. Coloque la carne molida en un tazón mediano; espolvorear con condimento ahumado. Use sus manos para mezclar suavemente los condimentos con la carne.

3. En una sartén grande, caliente el aceite de oliva a fuego medio. Agrega la carne, la cebolla y el ajo; cocine hasta que la carne esté dorada y la cebolla tierna, revolviendo con una cuchara de madera para romper la carne. Retire la sartén del fuego.

4. En un procesador de alimentos, procese los floretes de coliflor hasta que estén finamente picados. (Si no tiene un procesador de alimentos, ralle la coliflor en un rallador de caja). Mida 3 tazas de coliflor. Agregue a la mezcla de carne molida en la sartén. (Si queda algo de coliflor, guárdelo para otro uso). Agregue los tomates escurridos, el perejil, la pimienta negra y la pimienta de cayena.

5. Llene las mitades de pimiento con la mezcla de carne molida, empaquételo ligeramente y amontone un poco. Coloque las mitades de pimiento rellenas en una fuente para hornear. Hornee durante 30 a 35 minutos o hasta que los pimientos estén tiernos pero crujientes. * Cubra con cobertura de miga de nueces. Si lo desea, vuelva al horno durante 5 minutos para que quede crujiente antes de servir.

Cobertura de miga de nueces: En una sartén mediana, caliente 1 cucharada de aceite de oliva extra virgen a fuego medio bajo. Agregue 1 cucharadita de tomillo seco, 1 cucharadita de pimentón ahumado y ¼ de cucharadita de ajo en polvo. Agrega 1 taza de nueces finamente picadas. Cocine y revuelva unos 5 minutos o hasta que las nueces estén doradas y ligeramente tostadas. Agregue una pizca o dos de pimienta de cayena. Deje enfriar completamente. Guarde la cobertura sobrante en un recipiente herméticamente cerrado en el refrigerador hasta que esté listo para usar. Rinde 1 taza.

* Nota: Si usa pimientos verdes, hornee por 10 minutos adicionales.

HAMBURGUESAS DE BISONTE CON CEBOLLA CABERNET Y RÚCULA

DEBERES: 30 minutos de cocción: 18 minutos grill: 10 minutos rinde: 4 porciones

EL BISONTE TIENE UN CONTENIDO DE GRASA MUY BAJO Y SE COCINARÁ ENTRE UN 30% Y UN 50% MÁS RÁPIDO QUE LA CARNE DE RES. LA CARNE CONSERVA SU COLOR ROJO DESPUÉS DE LA COCCIÓN, POR LO QUE EL COLOR NO ES UN INDICADOR DE QUE ESTÉ COCIDA. DEBIDO A QUE EL BISONTE ES TAN MAGRO, NO LO COCINE MÁS ALLÁ DE UNA TEMPERATURA INTERNA DE 155 ° F.

2 cucharadas de aceite de oliva virgen extra
2 cebollas dulces grandes, en rodajas finas
¾ taza de Cabernet Sauvignon u otro vino tinto seco
1 cucharadita de condimento mediterráneo (ver receta)
¼ taza de aceite de oliva virgen extra
¼ taza de vinagre balsámico
1 cucharada de chalota finamente picada
1 cucharada de albahaca fresca cortada
1 diente de ajo pequeño, picado
1 libra de bisonte molido
¼ taza de pesto de albahaca (ver receta)
5 tazas de rúcula
Pistachos crudos sin sal, tostados (ver inclinar)

1. En una sartén grande caliente las 2 cucharadas de aceite a fuego medio-bajo. Agrega cebollas. Cocine, tapado, durante 10 a 15 minutos o hasta que las cebollas estén tiernas, revolviendo ocasionalmente. Descubrir; cocine y revuelva a fuego medio-alto durante 3 a 5 minutos o hasta que las cebollas estén doradas. Agregue vino; cocine unos

5 minutos o hasta que la mayor parte del vino se evapore. Espolvorea con condimento mediterráneo; mantener caliente.

2. Mientras tanto, para la vinagreta, en un frasco con tapa de rosca combine ¼ de taza de aceite de oliva, vinagre, chalota, albahaca y ajo. Cubra y agite bien.

3. En un tazón grande, mezcle ligeramente el bisonte molido y el pesto de albahaca. Forme ligeramente la mezcla de carne en empanadas de cuatro ¾ de pulgada de grosor.

4. Para una parrilla de carbón o gas, coloque las hamburguesas en una rejilla para parrilla ligeramente engrasada directamente a fuego medio. Cubra y cocine a la parrilla unos 10 minutos hasta que esté cocido deseado (145 ° F para medio crudo o 155 ° F para medio), volteándolo una vez a la mitad del asado.

5. Coloque la rúcula en un tazón grande. Rocíe la vinagreta sobre la rúcula; revuelva para cubrir. Para servir, divida las cebollas en cuatro platos para servir; cubra cada uno con una hamburguesa de bisonte. Cubra las hamburguesas con rúcula y espolvoree con pistachos.

PASTEL DE CARNE DE BISONTE Y CORDERO SOBRE ACELGAS Y BATATAS

DEBERES: 1 hora de cocción: 20 minutos de horneado: 1 hora de reposo: 10 minutos rinde: 4 porciones

ESTA ES LA COMIDA RECONFORTANTE PASADA DE MODA CON UN TOQUE MODERNO. UNA SALSA DE VINO TINTO LE DA AL PASTEL DE CARNE UN TOQUE DE SABOR, Y LAS ACELGAS AL AJO Y LAS BATATAS MACHACADAS CON CREMA DE ANACARDOS Y ACEITE DE COCO OFRECEN UN CONTENIDO NUTRICIONAL INCREÍBLE.

2 cucharadas de aceite de oliva

1 taza de champiñones cremini finamente picados

½ taza de cebolla morada finamente picada (1 mediana)

½ taza de apio finamente picado (1 tallo)

⅓ taza de zanahoria finamente picada (1 pequeña)

½ de una manzana pequeña, sin corazón, pelada y desmenuzada

2 dientes de ajo picados

½ cucharadita de condimento mediterráneo (ver receta)

1 huevo grande, ligeramente batido

1 cucharada de salvia fresca cortada en tiras

1 cucharada de tomillo fresco cortado en tiras

8 onzas de bisonte molido

8 onzas de cordero o ternera molida

¾ taza de vino tinto seco

1 chalota mediana, finamente picada

¾ taza de caldo de hueso de res (ver receta) o caldo de res sin sal agregada

Puré de batatas (ver receta, debajo)

Acelgas al ajo (ver receta, debajo)

1. Precaliente el horno a 350 ° F. En una sartén grande, caliente el aceite a fuego medio. Agregue los champiñones, la cebolla, el apio y la zanahoria; cocine y revuelva unos 5 minutos o hasta que las verduras se ablanden. Reduzca el fuego a bajo; agregue la manzana rallada y el ajo. Cocine, tapado, unos 5 minutos o hasta que las verduras estén muy tiernas. Retírelo del calor; agregue el condimento mediterráneo.

2. Con una cuchara ranurada, transfiera la mezcla de champiñones a un tazón grande, reservando la grasa en la sartén. Agrega el huevo, la salvia y el tomillo. Agregue el bisonte molido y el cordero molido; mezclar ligeramente. Coloque la mezcla de carne en una fuente para hornear rectangular de 2 cuartos de galón; forma un rectángulo de 7 × 4 pulgadas. Hornee aproximadamente 1 hora o hasta que un termómetro de lectura instantánea registre 155 ° F. Deje reposar durante 10 minutos. Retire con cuidado el pastel de carne y colóquelo en una fuente para servir. Cubra y mantenga caliente.

3. Para la salsa de la sartén, raspe la grasa y los trozos dorados y crujientes de la fuente para hornear en la grasa que reservó en la sartén. Agrega el vino y la chalota. Llevar a ebullición a fuego medio; cocine hasta que se reduzca a la mitad. Agregue el caldo de hueso de res; cocine y revuelva hasta que se reduzca a la mitad. Retire la sartén del fuego.

4. Para servir, divida el puré de batatas en cuatro platos para servir; cubra con un poco de acelga Garlicky. Rebanada de pastel de carne; coloque las rodajas sobre Garlicky Swiss Chard y rocíe con la salsa de la sartén.

Puré de batatas: Pele y corte en trozos grandes 4 batatas medianas. En una cacerola grande cocine las papas en suficiente agua hirviendo para cubrir durante 15 minutos o hasta que estén tiernas; drenar. Triturar con un machacador de patatas. Agregue ½ taza de crema de anacardos (vea receta) y 2 cucharadas de aceite de coco sin refinar; machacar hasta que quede suave. Manténgase caliente.

Acelgas suizas con ajo: Quite los tallos de 2 manojos de acelgas y deséchelas. Picar las hojas en trozos grandes. En una sartén grande, caliente 2 cucharadas de aceite de oliva a fuego medio. Agrega la acelga y 2 dientes de ajo picados; cocine hasta que las acelgas se ablanden, revolviendo ocasionalmente con pinzas.

ALBÓNDIGAS DE BISONTE SALSADAS CON MANZANA Y GROSELLAS CON PAPPARDELLE DE CALABACÍN

DEBERES: 25 minutos de horneado: 15 minutos de cocción: 18 minutos rinde: 4 porciones

LAS ALBÓNDIGAS ESTARÁN MUY MOJADAS A MEDIDA QUE LOS FORMA. PARA EVITAR QUE LA MEZCLA DE CARNE SE PEGUE A SUS MANOS, TENGA A MANO UN RECIPIENTE CON AGUA FRÍA Y MOJE SUS MANOS OCASIONALMENTE MIENTRAS TRABAJA. CAMBIE EL AGUA UN PAR DE VECES MIENTRAS PREPARA LAS ALBÓNDIGAS.

ALBÓNDIGAS

Aceite de oliva

½ taza de cebolla morada picada en trozos grandes

2 dientes de ajo picados

1 huevo, ligeramente batido

½ taza de champiñones y tallos finamente picados

2 cucharadas de perejil italiano fresco (de hoja plana) cortado

2 cucharaditas de aceite de oliva

1 libra de bisonte molido (molido grueso si está disponible)

SALSA DE MANZANA Y GROSELLAS

2 cucharadas de aceite de oliva

2 manzanas Granny Smith grandes, peladas, sin corazón y finamente picadas

2 chalotas picadas

2 cucharadas de jugo de limón fresco

½ taza de caldo de huesos de pollo (ver receta) o caldo de pollo sin sal agregada

2 a 3 cucharadas de grosellas secas

PAPPARDELLE DE CALABACÍN

6 calabacines
2 cucharadas de aceite de oliva
¼ de taza de cebolletas finamente picadas
½ cucharadita de pimiento rojo triturado
2 dientes de ajo picados

1. Para las albóndigas, precaliente el horno a 375 ° F. Unte ligeramente una bandeja para hornear con borde con aceite de oliva; dejar de lado. En un procesador de alimentos o licuadora combine la cebolla y el ajo. Pulsa hasta que quede suave. Transfiera la mezcla de cebolla a un tazón mediano. Agregue el huevo, los champiñones, el perejil y 2 cucharaditas de aceite; revuelve para combinar. Agrega el bisonte molido; mezclar ligeramente pero bien. Divida la mezcla de carne en 16 porciones; dale forma de albóndigas. Coloque las albóndigas, espaciadas uniformemente, en la bandeja para hornear preparada. Hornee por 15 minutos; dejar de lado.

2. Para la salsa, en una sartén caliente 2 cucharadas de aceite a fuego medio. Agregue las manzanas y las chalotas; cocine y revuelva de 6 a 8 minutos o hasta que esté muy tierno. Incorpora el jugo de limón. Transfiera la mezcla a un procesador de alimentos o licuadora. Cubra y procese o mezcle hasta que quede suave; volver a la sartén. Agregue el caldo de huesos de pollo y las pasas de Corinto. Llevar a ebullición; reducir el calor. Cocine a fuego lento, sin tapar, durante 8 a 10 minutos, revolviendo con frecuencia. Agrega las albóndigas; cocine y revuelva a fuego lento hasta que esté completamente caliente.

3. Mientras tanto, para la pappardelle, corte las puntas de los calabacines. Con una mandolina o un pelador de verduras

muy afilado, afeite el calabacín en tiras finas. (Para mantener las cintas intactas, deje de afeitarse una vez que llegue a las semillas en el centro de la calabaza). En una sartén extra grande, caliente 2 cucharadas de aceite a fuego medio. Agregue las cebolletas, el pimiento rojo triturado y el ajo; cocine y revuelva por 30 segundos. Agrega las cintas de calabacín. Cocine y revuelva suavemente durante unos 3 minutos o hasta que se ablande.

4. Para servir, divida la pappardelle en cuatro platos para servir; cubra con albóndigas y salsa de manzana y grosellas.

BISONTE PORCINI BOLOÑESA CON CALABAZA ESPAGUETI DE AJO ASADO

DEBERES: 30 minutos de cocción: 1 hora 30 minutos de horneado: 35 minutos rinde: 6 porciones

SI PENSARAS QUE HABÍAS COMIDOSU ÚLTIMO PLATO DE ESPAGUETIS CON SALSA DE CARNE CUANDO ADOPTÓ THE PALEO DIET®, PIÉNSELO DE NUEVO. ESTA RICA BOLOÑESA CON SABOR A AJO, VINO TINTO Y HONGOS PORCINI TERROSOS SE CARGA SOBRE HEBRAS DULCES Y APETITOSAS DE CALABAZA ESPAGUETI. NO EXTRAÑARÁS NI UN POCO LA PASTA.

1 onza de hongos porcini secos

1 taza de agua hirviendo

3 cucharadas de aceite de oliva virgen extra

1 libra de bisonte molido

1 taza de zanahorias finamente picadas (2)

½ taza de cebolla picada (1 mediana)

½ taza de apio finamente picado (1 tallo)

4 dientes de ajo picados

3 cucharadas de pasta de tomate sin sal

½ taza de vino tinto

2 latas de 15 onzas de tomates triturados sin sal agregada

1 cucharadita de orégano seco, triturado

1 cucharadita de tomillo seco, triturado

½ cucharadita de pimienta negra

1 calabaza espagueti mediana (2½ a 3 libras)

1 bulbo de ajo

1. En un tazón pequeño combine los hongos porcini y el agua hirviendo; déjelo reposar durante 15 minutos. Colar a través de un colador forrado con una estopilla 100%

algodón, reservando el líquido de remojo. Picar los champiñones; poner lado.

2. En una olla de 4 a 5 cuartos de galón, caliente 1 cucharada de aceite de oliva a fuego medio. Agregue bisonte molido, zanahorias, cebolla, apio y ajo. Cocine hasta que la carne esté dorada y las verduras tiernas, revolviendo con una cuchara de madera para romper la carne. Agrega la pasta de tomate; cocine y revuelva por 1 minuto. Agrega el vino tinto; cocine y revuelva por 1 minuto. Agregue los hongos porcini, los tomates, el orégano, el tomillo y la pimienta. Agregue el líquido de hongos reservado, teniendo cuidado de evitar agregar arena o arenilla que pueda estar presente en el fondo del tazón. Llevar a ebullición, revolviendo de vez en cuando; reduzca el fuego a bajo. Cocine a fuego lento, tapado, durante 1½ a 2 horas o hasta obtener la consistencia deseada.

3. Mientras tanto, precaliente el horno a 375 ° F. Cortar la calabaza a la mitad a lo largo; raspar las semillas. Coloque las mitades de calabaza, con los lados cortados hacia abajo, en una fuente para hornear grande. Con un tenedor, pinche toda la piel. Corta la ½ pulgada superior de la cabeza de ajo. Coloca el ajo, cortado hacia arriba, en la fuente de horno con la calabaza. Rocíe con la cucharada restante de aceite de oliva. Hornee durante 35 a 45 minutos o hasta que la calabaza y el ajo estén tiernos.

4. Con una cuchara y un tenedor, retire y triture la pulpa de cada mitad de la calabaza; transferir a un tazón y tapar para mantener el calor. Cuando el ajo esté lo suficientemente frío como para manipularlo, aprieta el

bulbo desde la parte inferior para sacar los dientes. Use un tenedor para triturar los dientes de ajo. Revuelva el ajo machacado en la calabaza, distribuyendo el ajo de manera uniforme. Para servir, vierta la salsa sobre la mezcla de calabaza.

BISONTE CHILI CON CARNE

DEBERES: 25 minutos de cocción: 1 hora 10 minutos rinde: 4 porciones

CHOCOLATE, CAFÉ Y CANELA SIN AZÚCAR AGREGUE INTERÉS A ESTE ABUNDANTE FAVORITO. SI DESEA UN SABOR AÚN MÁS AHUMADO, SUSTITUYA EL PIMENTÓN COMÚN POR 1 CUCHARADA DE PIMENTÓN DULCE AHUMADO.

3 cucharadas de aceite de oliva virgen extra

1 libra de bisonte molido

½ taza de cebolla picada (1 mediana)

2 dientes de ajo picados

2 latas de 14.5 onzas de tomates cortados en cubitos sin sal agregada, sin escurrir

1 lata de 6 onzas de pasta de tomate sin sal

1 taza de caldo de hueso de res (ver receta) o caldo de res sin sal agregada

½ taza de café fuerte

2 onzas de barra para hornear de cacao al 99%, picada

1 cucharada de pimentón

1 cucharadita de comino molido

1 cucharadita de orégano seco

1½ cucharaditas de condimento ahumado (ver receta)

½ cucharadita de canela molida

⅓ taza de pepitas

1 cucharadita de aceite de oliva

½ taza de crema de anacardos (ver receta)

1 cucharadita de jugo de limón fresco

½ taza de hojas frescas de cilantro

4 rodajas de lima

1. En una olla, caliente las 3 cucharadas de aceite de oliva a fuego medio. Agrega el bisonte molido, la cebolla y el ajo; cocine unos 5 minutos o hasta que la carne esté dorada, revolviendo con una cuchara de madera para romper la

carne. Agregue los tomates sin escurrir, la pasta de tomate, el caldo de hueso de res, el café, el chocolate para hornear, el pimentón, el comino, el orégano, 1 cucharadita del condimento ahumado y la canela. Llevar a ebullición; reducir el calor. Cocine a fuego lento, tapado, durante 1 hora, revolviendo ocasionalmente.

2. Mientras tanto, en una sartén pequeña, tueste las pepitas en 1 cucharadita de aceite de oliva a fuego medio hasta que comiencen a reventar y dorarse. Coloque las pepitas en un tazón pequeño; agregue la ½ cucharadita de condimento ahumado restante; revuelva para cubrir.

3. En un tazón pequeño combine la crema de anacardos y el jugo de lima.

4. Para servir, sirva el chile en tazones. Cubra las porciones con crema de anacardos, pepitas y cilantro. Sirve con rodajas de lima.

FILETES DE BISONTE CON ESPECIAS MARROQUÍES CON LIMONES A LA PARRILLA

DEBERES: 10 minutos a la parrilla: 10 minutos rinde: 4 porciones

SIRVE ESTOS BISTECS RÁPIDOS DE PREPARAR CON ENSALADA DE ZANAHORIA FRESCA Y CRUJIENTE CON ESPECIAS (VER RECETA). SI ESTÁ DESEANDO UN CAPRICHO, PIÑA A LA PARRILLA CON CREMA DE COCO (VER RECETA) SERÍA UNA EXCELENTE MANERA DE TERMINAR LA COMIDA.

2 cucharadas de canela molida
2 cucharadas de pimentón
1 cucharada de ajo en polvo
¼ de cucharadita de pimienta de cayena
4 filetes de filete mignon de bisonte de 6 onzas, cortados de ¾ a 1 pulgada de grosor
2 limones, cortados por la mitad horizontalmente

1. En un tazón pequeño, mezcle la canela, el pimentón, el ajo en polvo y la pimienta de cayena. Seque los bistecs con toallas de papel. Frote ambos lados de los filetes con la mezcla de especias.

2. Para una parrilla de carbón o gas, coloque los filetes en la parrilla directamente a fuego medio. Tape y cocine a la parrilla durante 10 a 12 minutos para medio crudo (145°F) o de 12 a 15 minutos para medio (155°F), volteando una vez a la mitad del asado. Mientras tanto, coloque las mitades de limón, con los lados cortados hacia abajo, sobre la parrilla. Ase a la parrilla durante 2 a 3

minutos o hasta que estén ligeramente carbonizados y jugosos.

3. Sirva con mitades de limón a la parrilla para exprimir sobre los bistecs.

SOLOMILLO DE BISONTE FROTADO CON HIERBAS DE PROVENZA

DEBERES: 15 minutos de cocción: 15 minutos de asado: 1 hora 15 minutos de reposo: 15 minutos rinde: 4 porciones

HERBES DE PROVENCE ES UNA MEZCLA DE HIERBAS SECAS QUE CRECEN EN ABUNDANCIA EN EL SUR DE FRANCIA. LA MEZCLA GENERALMENTE CONTIENE UNA COMBINACIÓN DE ALBAHACA, SEMILLAS DE HINOJO, LAVANDA, MEJORANA, ROMERO, SALVIA, AJEDREA Y TOMILLO. SABORIZA MARAVILLOSAMENTE ESTE ASADO MUY AMERICANO.

1 3 libras de solomillo de bisonte asado
3 cucharadas de hierbas provenzales
4 cucharadas de aceite de oliva virgen extra
3 dientes de ajo picados
4 chirivías pequeñas, peladas y picadas
2 peras maduras, sin corazón y picadas
½ taza de néctar de pera sin azúcar
1 a 2 cucharaditas de tomillo fresco

1. Precaliente el horno a 375 ° F. Quite la grasa del asado. En un tazón pequeño, combine las Hierbas de Provenza, 2 cucharadas de aceite de oliva y el ajo; frote todo el asado.

2. Coloque el asado sobre una rejilla en una fuente para asar poco profunda. Inserte un termómetro para horno en el centro del asado. * Ase, sin tapar, durante 15 minutos. Reduzca la temperatura del horno a 300 ° F. Ase durante 60 a 65 minutos más o hasta que el termómetro de carne

registre 140 ° F (medio crudo). Cubrir con papel aluminio y dejar reposar durante 15 minutos.

3. Mientras tanto, en una sartén grande caliente las 2 cucharadas de aceite de oliva restantes a fuego medio. Agrega las chirivías y las peras; cocine por 10 minutos o hasta que las chirivías estén tiernas pero crujientes, revolviendo ocasionalmente. Agrega el néctar de pera; cocine unos 5 minutos o hasta que la salsa esté ligeramente espesa. Espolvorea con tomillo.

4. Corte el asado en rodajas finas a lo largo del grano. Sirva la carne con chirivías y peras.

* Consejo: el bisonte es muy magro y se cocina más rápido que la carne de res. Además, el color de la carne es más rojo que el de la carne, por lo que no puede confiar en una señal visual para determinar el punto de cocción. Necesitará un termómetro para carne que le avise cuando la carne esté lista. Un termómetro para horno es ideal, aunque no es una necesidad.

COSTILLAS DE BISONTE ESTOFADAS EN CAFÉ CON GREMOLATA DE MANDARINA Y PURÉ DE RAÍCES DE APIO

DEBERES: 15 minutos de cocción: 2 horas 45 minutos Rinde: 6 porciones

LAS COSTILLAS DE BISONTE SON GRANDES Y CON MUCHA CARNE. REQUIEREN UNA BUENA COCCIÓN LARGA EN LÍQUIDO PARA QUE SE ABLANDEN. GREMOLATA HECHA CON CÁSCARA DE MANDARINA ILUMINA EL SABOR DE ESTE ABUNDANTE PLATO.

ESCABECHE

2 tazas de agua

3 tazas de café fuerte, frío

2 tazas de jugo de mandarina fresco

2 cucharadas de romero fresco cortado en tiras

1 cucharadita de pimienta negra molida gruesa

4 libras de costillas de bisonte, cortadas entre las costillas para separar

COCER A FUEGO LENTO

2 cucharadas de aceite de oliva

1 cucharadita de pimienta negra

2 tazas de cebollas picadas

½ taza de chalotas picadas

6 dientes de ajo picados

1 chile jalapeño, sin semillas y picado (ver inclinar)

1 taza de café fuerte

1 taza de caldo de hueso de res (ver receta) o caldo de res sin sal agregada

¼ taza de salsa de tomate Paleo (ver receta)

2 cucharadas de mostaza estilo Dijon (ver receta)

3 cucharadas de vinagre de sidra

Puré de raíz de apio (ver receta, debajo)
Gremolata mandarina (ver receta, derecho)

1. Para la marinada, en un recipiente grande no reactivo (vidrio o acero inoxidable) combine agua, café frío, jugo de mandarina, romero y pimienta negra. Agrega las costillas. Coloque un plato encima de las costillas si es necesario para mantenerlas sumergidas. Tape y enfríe de 4 a 6 horas, reorganizando y revolviendo una vez.

2. Para el estofado, precaliente el horno a 325 ° F. Escurre las costillas, desechando la marinada. Seque las costillas con toallas de papel. En un horno holandés grande, caliente el aceite de oliva a fuego medio-alto. Sazone las costillas con pimienta negra. Dore las costillas en tandas hasta que se doren por todos lados, aproximadamente 5 minutos por tanda. Transfiera a un plato grande.

3. Agregue las cebollas, los chalotes, el ajo y el jalapeño a la olla. Reduzca el fuego a medio, cubra y cocine hasta que las verduras estén blandas, revolviendo ocasionalmente, aproximadamente 10 minutos. Agrega el café y el caldo; revuelva, raspando los trozos dorados. Agregue la salsa de tomate Paleo, la mostaza estilo Dijon y el vinagre. Llevar a ebullición. Agrega las costillas. Cubra y transfiera al horno. Cocine hasta que la carne esté tierna, aproximadamente 2 horas y 15 minutos, revolviendo suavemente y reorganizando las costillas una o dos veces.

4. Transfiera las costillas a un plato; tienda con papel de aluminio para mantener el calor. Con una cuchara, saque la grasa de la superficie de la salsa. Hierva la salsa hasta que se reduzca a 2 tazas, aproximadamente 5 minutos. Divida el puré de raíz de apio en 6 platos; cubra con las

costillas y la salsa. Espolvorea con Gremolata de mandarina.

Puré de raíz de apio: En una cacerola grande combine 3 libras de raíz de apio, pelada y cortada en trozos de 1 pulgada y 4 tazas de caldo de huesos de pollo (ver receta) o caldo de pollo sin sal. Llevar a ebullición; reducir el calor. Escurre la raíz de apio, reservando el caldo. Regrese la raíz de apio a la cacerola. Agregue 1 cucharada de aceite de oliva y 2 cucharaditas de tomillo fresco picado. Con un machacador de papas, triture la raíz de apio, agregue el caldo reservado, unas pocas cucharadas a la vez, según sea necesario para lograr la consistencia deseada.

Gremolata de mandarina: En un tazón pequeño combine ½ taza de perejil fresco cortado en tiras, 2 cucharadas de cáscara de mandarina finamente rallada y 2 dientes de ajo picados.

CALDO DE HUESO DE RES

DEBERES: 25 minutos de asado: 1 hora de cocción: 8 horas rinde: 8 a 10 tazas

LOS RABOS DE BUEY HUESUDOS HACEN UN CALDO DE SABOR EXTREMADAMENTE RICOQUE SE PUEDE USAR EN CUALQUIER RECETA QUE REQUIERA CALDO DE RES, O SIMPLEMENTE SE PUEDE DISFRUTAR COMO UN ESTIMULANTE EN UNA TAZA EN CUALQUIER MOMENTO DEL DÍA. AUNQUE EN REALIDAD SOLÍAN PROVENIR DE UN BUEY, LOS RABOS DE BUEY AHORA PROVIENEN DE UN ANIMAL DE CARNE.

5 zanahorias, picadas

5 tallos de apio, picados en trozos grandes

2 cebollas amarillas, sin pelar, cortadas por la mitad

8 onzas de champiñones blancos

1 bulbo de ajo, sin pelar, cortado por la mitad

2 libras de huesos de rabo de toro o de res

2 tomates

12 tazas de agua fría

3 hojas de laurel

1. Precaliente el horno a 400 ° F. En una bandeja para hornear con borde grande o una bandeja para hornear poco profunda, coloque las zanahorias, el apio, las cebollas, los champiñones y el ajo; coloque los huesos encima de las verduras. En un procesador de alimentos, muele los tomates hasta que estén suaves. Extienda los tomates sobre los huesos para cubrirlos (está bien si parte del puré gotea sobre la sartén y las verduras). Ase de 1 a 1½ horas o hasta que los huesos se doren y las verduras estén caramelizadas. Transfiera los huesos y las verduras a una olla o horno holandés de 10 a 12 cuartos de galón. (Si

parte de la mezcla de tomate se carameliza en el fondo de la sartén, agregue 1 taza de agua caliente a la sartén y raspe los pedazos. Vierta el líquido sobre los huesos y las verduras y reduzca la cantidad de agua en 1 taza). agua y hojas de laurel.

2. Lleve la mezcla lentamente a fuego lento a fuego medio-alto a alto. Reducir el fuego; tape y cocine a fuego lento el caldo durante 8 a 10 horas, revolviendo ocasionalmente.

3. Colar el caldo; deseche los huesos y las verduras. Caldo fresco; transfiera el caldo a recipientes de almacenamiento y refrigérelo hasta por 5 días; congelar hasta por 3 meses. *

Instrucciones para la olla de cocción lenta: Para una olla de cocción lenta de 6 a 8 cuartos, use 1 libra de huesos de res, 3 zanahorias, 3 tallos de apio, 1 cebolla amarilla y 1 bulbo de ajo. Haga puré 1 tomate y frótelo sobre los huesos. Ase como se indica, luego transfiera los huesos y las verduras a la olla de cocción lenta. Raspe cualquier tomate caramelizado como se indica y agréguelo a la olla de cocción lenta. Añada suficiente agua para cubrir. Tape y cocine a fuego alto hasta que el caldo comience a hervir, aproximadamente 4 horas. Reducir a temperatura baja; cocine de 12 a 24 horas. Colar el caldo; deseche los huesos y las verduras. Almacenar como se indica.

* Consejo: Para quitar la grasa fácilmente del caldo, guárdelo en un recipiente tapado en el refrigerador durante la noche. La grasa subirá a la superficie y formará una capa firme que se puede raspar fácilmente. El caldo puede espesarse después de enfriarse.

PALETILLA DE CERDO TUNECINA UNTADA CON ESPECIAS CON PATATAS FRITAS PICANTES

DEBERES: 25 minutos de asado: 4 horas de horneado: 30 minutos rinde: 4 porciones

ESTE ES UN GRAN PLATO PARA HACEREN UN FRESCO DÍA DE OTOÑO. LA CARNE SE ASA DURANTE HORAS EN EL HORNO, LO QUE HACE QUE TU CASA HUELA DE MARAVILLA Y TE DA TIEMPO PARA HACER OTRAS COSAS. LAS BATATAS FRITAS AL HORNO NO SE VUELVEN CRUJIENTES DE LA MISMA MANERA QUE LAS PAPAS BLANCAS, PERO SON DELICIOSAS A SU MANERA, ESPECIALMENTE CUANDO SE SUMERGEN EN MAYONESA CON AJO.

CERDO

1 asado de paleta de cerdo con hueso de 2½ a 3 libras

2 cucharaditas de chile ancho molido

2 cucharaditas de comino molido

1 cucharadita de semillas de alcaravea, ligeramente trituradas

1 cucharadita de cilantro molido

½ cucharadita de cúrcuma molida

¼ de cucharadita de canela molida

3 cucharadas de aceite de oliva

PAPAS FRITAS

4 batatas medianas (alrededor de 2 libras), peladas y cortadas en gajos de ½ pulgada de grosor

½ cucharadita de pimiento rojo triturado

½ cucharadita de cebolla en polvo

½ cucharadita de ajo en polvo

Aceite de oliva

1 cebolla, finamente rebanada

Paleo Aïoli (mayonesa de ajo) (ver receta)

1. Precaliente el horno a 300 ° F. Quite la grasa de la carne. En un tazón pequeño, combine el chile ancho molido, el comino molido, las semillas de alcaravea, el cilantro, la cúrcuma y la canela. Espolvorea la carne con la mezcla de especias; Frote uniformemente la carne con los dedos.

2. En una olla de 5 a 6 cuartos de galón resistente al horno, caliente 1 cucharada de aceite de oliva a fuego medio-alto. Dore la carne de cerdo por todos lados en aceite caliente. Tape y ase aproximadamente 4 horas o hasta que esté muy tierno y el termómetro para carne registre 190 ° F. Retire el horno holandés del horno. Deje reposar, tapado, mientras prepara las batatas fritas y las cebollas, reservando 1 cucharada de grasa en el horno holandés.

3. Aumente la temperatura del horno a 400 ° F. Para las batatas fritas, en un tazón grande combine las batatas, las 2 cucharadas restantes de aceite de oliva, pimiento rojo triturado, cebolla en polvo y ajo en polvo; revuelva para cubrir. Cubra una bandeja para hornear grande o dos pequeñas con papel de aluminio; untar con aceite de oliva adicional. Coloque las batatas en una sola capa sobre las bandejas para hornear preparadas. Hornee unos 30 minutos o hasta que estén tiernos, volteando las batatas una vez a la mitad de la cocción.

4. Mientras tanto, retire la carne del horno holandés; Cubrir con papel de aluminio para mantener el calor. Escurre la grasa, reservando 1 cucharada de grasa. Regrese la grasa reservada al horno holandés. Agrega la cebolla; cocine a

fuego medio unos 5 minutos o hasta que se ablanden, revolviendo ocasionalmente.

5. Transfiera la carne de cerdo y la cebolla a una fuente para servir. Con dos tenedores, corte la carne de cerdo en trozos grandes. Sirva el cerdo y las patatas fritas con Paleo Aïoli.

PALETA DE CERDO A LA PARRILLA CUBANA

DEBERES: 15 minutos marinado: 24 horas grill: 2 horas 30 minutos reposo: 10 minutos rinde: 6 a 8 porciones

CONOCIDO COMO "LECHÓN ASADO" EN SU PAÍS DE ORIGEN, ESTE ASADO DE CERDO ESTÁ MARINADO EN UNA COMBINACIÓN DE JUGOS CÍTRICOS FRESCOS, ESPECIAS, PIMIENTO ROJO TRITURADO Y UN BULBO ENTERO DE AJO PICADO. COCINARLO SOBRE BRASAS DESPUÉS DE REMOJARLO DURANTE LA NOCHE EN LA MARINADA LE DA UN SABOR INCREÍBLE.

1 bulbo de ajo, los dientes separados, pelados y picados
1 taza de cebollas picadas en trozos grandes
1 taza de aceite de oliva
1⅓ tazas de jugo de limón fresco
⅔ taza de jugo de naranja natural
1 cucharada de comino molido
1 cucharada de orégano seco, triturado
2 cucharaditas de pimienta negra recién molida
1 cucharadita de pimiento rojo triturado
1 paleta de cerdo asada deshuesada de 4 a 5 libras

1. Para la marinada, separe las cabezas de ajo en dientes. Pelar y picar los clavos de olor; colocar en un tazón grande. Agregue la cebolla, el aceite de oliva, el jugo de lima, el jugo de naranja, el comino, el orégano, la pimienta negra y el pimiento rojo triturado. Revuelva bien y reserve.

2. Con un cuchillo para deshuesar, perfore profundamente el asado de cerdo por todas partes. Con cuidado, baje el asado en la marinada, sumergiéndolo tanto como sea posible en el líquido. Cubra el tazón firmemente con una

envoltura de plástico. Deje marinar en el frigorífico durante 24 horas, volteando una vez.

3. Retire la carne de cerdo de la marinada. Vierta la marinada en una cacerola mediana. Llevar a ebullición; hervir durante 5 minutos. Retirar del fuego y dejar enfriar. Dejar de lado.

4. Para una parrilla de carbón, coloque las brasas a fuego medio alrededor de una bandeja de goteo. Pruebe a fuego medio sobre la sartén. Coloque la carne en la rejilla de la parrilla sobre la bandeja de goteo. Tape y cocine a la parrilla durante 2½ a 3 horas o hasta que un termómetro de lectura instantánea insertado en el centro del asado registre 140 ° F. (Para una parrilla de gas, precaliente la parrilla. Reduzca el fuego a medio. Ajuste para cocción indirecta. Coloque la carne en la rejilla de la parrilla sobre el quemador apagado. Tape y cocine a la parrilla como se indica.) Retire la carne de la parrilla. Cubra sin apretar con papel de aluminio y deje reposar durante 10 minutos antes de cortar o tirar.

ASADO DE CERDO ITALIANO CONDIMENTADO CON VERDURAS

DEBERES: 20 minutos de asado: 2 horas 25 minutos de reposo: 10 minutos rinde: 8 porciones

"LO FRESCO ES LO MEJOR" ES UN BUEN MANTRAA SEGUIR CUANDO SE TRATA DE COCINAR LA MAYOR PARTE DEL TIEMPO. SIN EMBARGO, LAS HIERBAS SECAS FUNCIONAN MUY BIEN PARA UNTAR CARNES. CUANDO LAS HIERBAS SE SECAN, SUS SABORES SE CONCENTRAN. CUANDO ENTRAN EN CONTACTO CON LA HUMEDAD DE LA CARNE, LIBERAN SUS SABORES EN ELLA, COMO EN ESTE ASADO AL ESTILO ITALIANO AROMATIZADO CON PEREJIL, HINOJO, ORÉGANO, AJO Y PIMIENTO ROJO PICADO PICANTE.

2 cucharadas de perejil seco, triturado

2 cucharadas de semillas de hinojo, trituradas

4 cucharaditas de orégano seco, triturado

1 cucharadita de pimienta negra recién molida

½ cucharadita de pimiento rojo triturado

4 dientes de ajo picados

1 paletilla de cerdo con hueso de 4 libras

1 a 2 cucharadas de aceite de oliva

1¼ tazas de agua

2 cebollas medianas, peladas y cortadas en gajos

1 bulbo de hinojo grande, recortado, sin corazón y cortado en gajos

2 libras de coles de Bruselas

1. Precaliente el horno a 325 ° F. En un tazón pequeño, combine el perejil, las semillas de hinojo, el orégano, la pimienta negra, el pimiento rojo triturado y el ajo; dejar de lado. Desate el asado de cerdo si es necesario. Quite la

grasa de la carne. Frote la carne por todos lados con la mezcla de condimentos. Si lo desea, vuelva a asar para mantenerlo unido.

2. En un horno holandés, caliente el aceite a fuego medio-alto. Dore la carne por todos lados en el aceite caliente. Escurre la grasa. Vierta el agua en el horno holandés alrededor del asado. Ase, sin tapar, durante 1 ½ horas. Coloque las cebollas y el hinojo alrededor del asado de cerdo. Tape y ase por 30 minutos más.

3. Mientras tanto, corte los tallos de las coles de Bruselas y quite las hojas exteriores marchitas. Corta las coles de Bruselas por la mitad. Agregue las coles de Bruselas al horno holandés, colocándolas sobre otras verduras. Tape y ase durante 30 a 35 minutos más o hasta que las verduras y la carne estén tiernas. Transfiera la carne a una fuente para servir y cúbrala con papel de aluminio. Deje reposar durante 15 minutos antes de cortar. Mezcle las verduras con los jugos de la sartén para cubrirlas. Con una cuchara ranurada, coloque las verduras en un plato para servir o en un tazón; cubrir para mantener el calor.

4. Con una cuchara grande, retire la grasa de los jugos de la sartén. Vierta los jugos restantes de la sartén a través de un colador. Cortar la carne de cerdo, quitando el hueso. Sirva la carne con verduras y jugos de sartén.

MOLE DE CERDO EN OLLA DE COCCIÓN LENTA

DEBERES: 20 minutos de cocción lenta: 8 a 10 horas (baja) o 4 a 5 horas (alta)
Rinde: 8 porciones

CON COMINO, CILANTRO, ORÉGANO, TOMATES, ALMENDRAS, PASAS, CHILE Y CHOCOLATE, ESTA SALSA RICA Y PICANTE TIENE MUCHO QUE VER, EN EL BUEN SENTIDO. ES UNA COMIDA IDEAL PARA COMENZAR POR LA MAÑANA ANTES DE COMENZAR EL DÍA. CUANDO LLEGAS A CASA, LA CENA ESTÁ CASI LISTA Y TU CASA HUELE INCREÍBLE.

1 paleta de cerdo asada deshuesada de 3 libras

1 taza de cebolla picada en trozos grandes

3 dientes de ajo, en rodajas

1½ tazas de caldo de hueso de res (ver receta), Caldo de huesos de pollo (ver receta), o caldo de res o pollo sin sal agregada

1 cucharada de comino molido

1 cucharada de cilantro molido

2 cucharaditas de orégano seco, triturado

1 lata de 15 onzas de tomates cortados en cubitos sin sal agregada, escurridos

1 lata de 6 onzas de pasta de tomate sin sal agregada

½ taza de almendras rebanadas, tostadas (ver inclinar)

¼ de taza de pasas o grosellas doradas sin azufrar

2 onzas de chocolate sin azúcar (como barra de cacao 99% Scharffen Berger), picado grueso

1 chile ancho o chipotle seco

2 palitos de canela de 4 pulgadas

¼ taza de cilantro fresco cortado en tiras

1 aguacate, pelado, sin semillas y en rodajas finas

1 lima, cortada en gajos

⅓ taza de semillas de calabaza verdes tostadas sin sal (opcional) (ver inclinar)

1. Quite la grasa del asado de cerdo. Si es necesario, corte la carne para que quepa en una olla de cocción lenta de 5 a 6 cuartos; dejar de lado.

2. En la olla de cocción lenta combine la cebolla y el ajo. En una taza medidora de vidrio de 2 tazas, mezcle el caldo de hueso de res, el comino, el cilantro y el orégano; vierta en la olla. Agregue los tomates cortados en cubitos, la pasta de tomate, las almendras, las pasas, el chocolate, el chile seco y las ramas de canela. Coloque la carne en la olla. Vierta un poco de la mezcla de tomate por encima. Tape y cocine a fuego lento durante 8 a 10 horas o a fuego alto durante 4 a 5 horas o hasta que la carne de cerdo esté tierna.

3. Transfiera la carne de cerdo a una tabla de cortar; enfriar un poco. Con dos tenedores, separe la carne en pedazos. Cubra la carne con papel de aluminio y reserve.

4. Retire y deseche el chile seco y las ramas de canela. Con una cuchara grande, retire la grasa de la mezcla de tomate. Transfiera la mezcla de tomate a una licuadora o procesador de alimentos. Cubra y mezcle o procese hasta que esté casi suave. Regrese el cerdo desmenuzado y la salsa a la olla de cocción lenta. Mantenga caliente a fuego lento hasta el momento de servir, hasta 2 horas.

5. Justo antes de servir, agregue el cilantro. Sirve el mole en tazones y decora con rodajas de aguacate, rodajas de lima y, si lo deseas, semillas de calabaza.

ESTOFADO DE CERDO Y CALABAZA CON ALCARAVEA

DEBERES: 30 minutos de cocción: 1 hora rinde: 4 porciones

HOJAS DE MOSTAZA CON PIMIENTA Y CALABAZA MOSTAZA AGREGUE UN COLOR VIBRANTE Y UNA GRAN CANTIDAD DE VITAMINAS, ASÍ COMO FIBRA Y ÁCIDO FÓLICO, A ESTE GUISO CONDIMENTADO CON SABORES DE EUROPA DEL ESTE.

1 paleta de cerdo asada de 1¼ a 1½ libras

1 cucharada de pimentón

1 cucharada de semillas de alcaravea, finamente trituradas

2 cucharaditas de mostaza seca

¼ de cucharadita de pimienta de cayena

2 cucharadas de aceite de coco refinado

8 onzas de champiñones frescos, en rodajas finas

2 tallos de apio, cortados transversalmente en rodajas de 1 pulgada

1 cebolla morada pequeña, cortada en gajos finos

6 dientes de ajo picados

5 tazas de caldo de huesos de pollo (ver receta) o caldo de pollo sin sal agregada

2 tazas de calabaza butternut pelada y en cubos

3 tazas de hojas de mostaza o col verde cortadas en trozos grandes

2 cucharadas de salvia fresca cortada en tiras

¼ taza de jugo de limón fresco

1. Quite la grasa del cerdo. Corte la carne de cerdo en cubos de 1½ pulgada; colocar en un tazón grande. En un tazón pequeño, combine el pimentón, las semillas de alcaravea, la mostaza seca y la pimienta de cayena. Espolvoree sobre la carne de cerdo, revolviendo para cubrir uniformemente.

2. En una olla de 4 a 5 cuartos de galón, caliente el aceite de coco a fuego medio. Agrega la mitad de la carne; cocine hasta que se dore, revolviendo ocasionalmente. Retire la carne de la sartén. Repita con la carne restante. Reserva la carne.

3. Agregue los champiñones, el apio, la cebolla morada y el ajo al horno holandés. Cocine por 5 minutos, revolviendo ocasionalmente. Regrese la carne al horno holandés. Agregue con cuidado el caldo de huesos de pollo. Llevar a ebullición; reducir el calor. Tape y cocine a fuego lento durante 45 minutos. Agrega la calabaza. Tape y cocine a fuego lento durante 10 a 15 minutos más o hasta que el cerdo y la calabaza estén tiernos. Agregue las hojas de mostaza y la salvia. Cocine de 2 a 3 minutos o hasta que las verduras estén tiernas. Incorpora el jugo de limón.

ASADO DE LOMO SUPERIOR RELLENO DE FRUTAS CON SALSA DE BRANDY

DEBERES: 30 minutos de cocción: 10 minutos de asado: 1 hora y 15 minutos de reposo: 15 minutos rinde: de 8 a 10 porciones

ESTE ELEGANTE ASADO ES PERFECTO PARA UNA OCASIÓN ESPECIAL O UNA REUNIÓN FAMILIAR, ESPECIALMENTE EN EL OTOÑO. SUS SABORES (MANZANAS, NUEZ MOSCADA, FRUTOS SECOS Y NUECES) CAPTURAN LA ESENCIA DE ESA TEMPORADA. SÍRVELO CON PURÉ DE CAMOTE Y ARÁNDANOS Y ENSALADA DE COL RIZADA DE REMOLACHA ASADA (VER<u>RECETA</u>).

ASAR
1 cucharada de aceite de oliva

2 tazas de manzanas Granny Smith peladas y picadas (aproximadamente 2 medianas)

1 chalota finamente picada

1 cucharada de tomillo fresco cortado en tiras

¾ cucharadita de pimienta negra recién molida

⅛ cucharadita de nuez moscada molida

½ taza de albaricoques secos sin azufrar cortados

¼ de taza de nueces picadas, tostadas (ver <u>inclinar</u>)

1 taza de caldo de huesos de pollo (ver <u>receta</u>) o caldo de pollo sin sal agregada

1 lomo de cerdo asado de cabeza de cerdo deshuesado de 3 libras (lomo simple)

SALSA DE BRANDY
2 cucharadas de sidra de manzana

2 cucharadas de brandy

1 cucharadita de mostaza estilo Dijon (ver <u>receta</u>)

Pimienta negra recién molida

1. Para el relleno, en una sartén grande caliente el aceite de oliva a fuego medio. Agregue las manzanas, la chalota, el tomillo, ¼ de cucharadita de pimienta y la nuez moscada;

cocine de 2 a 4 minutos o hasta que las manzanas y la chalota estén tiernas y ligeramente doradas, revolviendo ocasionalmente. Agregue los albaricoques, las nueces y 1 cucharada de caldo. Cocine, sin tapar, durante 1 minuto para ablandar los albaricoques. Retirar del fuego y dejar de lado.

2. Precaliente el horno a 325 ° F. Marque el asado de cerdo haciendo un corte longitudinal en el centro del asado, cortando a ½ pulgada del otro lado. Extienda el asado abierto. Coloque el cuchillo en el corte en V, enfrentándolo horizontalmente hacia un lado de la V, y corte a ½ pulgada del lado. Repita en el otro lado de la V. Extienda el asado y cúbralo con una envoltura de plástico. Trabajando desde el centro hacia los bordes, golpee el asado con un mazo de carne hasta que tenga aproximadamente ¾ de pulgada de grosor. Retire y deseche la envoltura de plástico. Extienda el relleno sobre la parte superior del asado. Comenzando por un lado corto, enrolle el asado en una espiral. Ate con hilo de cocina 100% algodón en varios lugares para mantener el asado unido. Espolvoree el asado con la ½ cucharadita de pimienta restante.

3. Coloque el asado sobre una rejilla en una fuente para asar poco profunda. Inserte un termómetro para horno en el centro del asado (no en el relleno). Ase, sin tapar, durante 1 hora 15 minutos a 1 hora 30 minutos o hasta que el termómetro registre 145 ° F. Retire el asado y cúbralo sin apretar con papel de aluminio; déjelo reposar durante 15 minutos antes de cortarlo.

4. Mientras tanto, para la salsa de brandy, mezcle el caldo restante y la sidra de manzana en la grasa de la sartén, batiendo para raspar los trozos dorados. Cuele la grasa en una cacerola mediana. Llevar a ebullición; cocine unos 4 minutos o hasta que la salsa se reduzca en un tercio. Agregue el brandy y la mostaza estilo Dijon. Sazone al gusto con pimienta adicional. Sirve la salsa con el asado de cerdo.

ASADO DE CERDO ESTILO PORCHETTA

DEBERES: 15 minutos marinado: reposo durante la noche: 40 minutos asado: 1 hora rinde: 6 porciones

PORCHETTA TRADICIONAL ITALIANA(A VECES DELETREADO PORKETTA EN INGLÉS AMERICANO) ES UN COCHINILLO DESHUESADO RELLENO CON AJO, HINOJO, PIMIENTA Y HIERBAS COMO SALVIA O ROMERO, LUEGO SE PONE EN UN ASADOR Y SE ASA SOBRE LEÑA. TAMBIÉN SUELE ESTAR MUY SALADO. ESTA VERSIÓN PALEO ES SIMPLIFICADA Y MUY SABROSA. SUSTITUYA LA SALVIA POR ROMERO FRESCO, SI LO DESEA, O USE UNA MEZCLA DE LAS DOS HIERBAS.

1 lomo de cerdo asado deshuesado de 2 a 3 libras

2 cucharadas de semillas de hinojo

1 cucharadita de pimienta negra en grano

½ cucharadita de pimiento rojo triturado

6 dientes de ajo picados

1 cucharada de cáscara de naranja finamente rallada

1 cucharada de salvia fresca cortada en tiras

3 cucharadas de aceite de oliva

½ taza de vino blanco seco

½ taza de caldo de huesos de pollo (ver receta) o caldo de pollo sin sal agregada

1. Saque el asado de cerdo del refrigerador; Deje reposar a temperatura ambiente durante 30 minutos. Mientras tanto, en una sartén pequeña, tueste las semillas de hinojo a fuego medio, revolviendo con frecuencia, durante unos 3 minutos o hasta que tengan un color oscuro y fragante; frio. Transfiera a un molinillo de especias o un molinillo de café limpio. Agregue los granos de pimienta y el pimiento rojo triturado. Muela hasta obtener una

consistencia media-fina. (No triturar hasta convertirlo en polvo).

2. Precaliente el horno a 325 ° F. En un tazón pequeño, combine las especias molidas, el ajo, la cáscara de naranja, la salvia y el aceite de oliva para hacer una pasta. Coloque el asado de cerdo en una rejilla en una bandeja para hornear pequeña. Frote la mezcla por toda la carne de cerdo. (Si lo desea, coloque la carne de cerdo sazonada en una fuente para hornear de vidrio de 9 × 13 × 2 pulgadas. Cubra con una envoltura de plástico y refrigere durante la noche para marinar. Transfiera la carne a una fuente para asar antes de cocinar y deje reposar a temperatura ambiente durante 30 minutos antes de cocinar. .)

3. Ase el cerdo durante 1 a 1½ horas o hasta que un termómetro de lectura instantánea insertado en el centro del asado registre 145 ° F. Transfiera el asado a una tabla de cortar y cúbralo sin apretar con papel de aluminio. Deje reposar de 10 a 15 minutos antes de cortar.

4. Mientras tanto, vierta los jugos de la sartén en una taza medidora de vidrio. Quite la grasa de la parte superior; dejar de lado. Coloque la bandeja para asar en el quemador de la estufa. Vierta el vino y el caldo de huesos de pollo en la sartén. Llevar a ebullición a fuego medio-alto, revolviendo para raspar los trozos dorados. Hervir unos 4 minutos o hasta que la mezcla se reduzca ligeramente. Incorpora los jugos de la sartén que reservaste; presion. Cortar la carne de cerdo en rodajas y servir con salsa.

LOMO DE CERDO ESTOFADO CON TOMATILLO

DEBERES: 40 minutos para asar: 10 minutos para cocinar: 20 minutos para asar: 40 minutos para reposar: 10 minutos para: 6 a 8 porciones

LOS TOMATILLOS TIENEN UNA CAPA PEGAJOSA Y CURSI BAJO SUS PIELES DE PAPEL. DESPUÉS DE QUITARLES LA PIEL, ENJUÁGALAS RÁPIDAMENTE CON AGUA CORRIENTE Y ESTARÁN LISTAS PARA USAR.

1 libra de tomatillos, pelados, sin tallo y enjuagados

4 chiles serranos, sin tallos, sin semillas y cortados por la mitad (ver inclinar)

2 jalapeños, sin tallos, sin semillas y cortados por la mitad (ver inclinar)

1 pimiento amarillo grande, sin tallos, sin semillas y cortado por la mitad

1 pimiento naranja grande, sin tallos, sin semillas y cortado por la mitad

2 cucharadas de aceite de oliva

1 lomo de cerdo asado deshuesado de 2 a 2½ libras

1 cebolla amarilla grande, pelada, cortada por la mitad y en rodajas finas

4 dientes de ajo picados

¾ taza de agua

¼ de taza de jugo de limón verde fresco

¼ taza de cilantro fresco cortado en tiras

1. Precaliente el asador a fuego alto. Cubra una bandeja para hornear con papel de aluminio. Coloque los tomatillos, los chiles serranos, los jalapeños y los pimientos dulces en una bandeja para hornear preparada. Ase las verduras a 4 pulgadas del fuego hasta que estén bien carbonizadas, volteando los tomatillos de vez en cuando y retirando las verduras a medida que se carbonicen, entre 10 y 15 minutos. Coloque los serranos, los jalapeños y los tomatillos en un tazón. Coloque los pimientos dulces en un plato. Ponga las verduras a un lado para que se enfríen.

2. En una sartén grande, caliente el aceite a fuego medio-alto hasta que brille. Seque el asado de cerdo con toallas de papel limpias y agréguelo a la sartén. Cocine hasta que esté bien dorado por todos lados, volteando el asado para que se dore uniformemente. Transfiera el asado a una fuente. Reduzca el fuego a medio. Agrega la cebolla a la sartén; cocine y revuelva durante 5 a 6 minutos o hasta que esté dorado. Agrega el ajo; cocine por 1 minuto más. Retire la sartén del fuego.

3. Precaliente el horno a 350 ° F. Para la salsa de tomatillo, en un procesador de alimentos o licuadora combine los tomatillos, serranos y jalapeños. Cubra y mezcle o procese hasta que quede suave; agregue a la cebolla en la sartén. Vuelva a calentar la sartén. Llevar a ebullición; cocine de 4 a 5 minutos o hasta que la mezcla esté oscura y espesa. Agregue el agua, el jugo de limón y el cilantro.

4. Unte la salsa de tomatillo en una fuente para asar poco profunda o en una fuente para hornear rectangular de 3 cuartos de galón. Coloque el asado de cerdo en la salsa. Cubra bien con papel de aluminio. Ase durante 40 a 45 minutos o hasta que un termómetro de lectura instantánea insertado en el centro del asado indique 140 ° F.

5. Cortar los pimientos dulces en tiras. Agrega la salsa de tomatillo en la sartén. Tienda sin apretar con papel de aluminio; déjelo reposar durante 10 minutos. Cortar la carne; revuelva la salsa. Sirva el cerdo en rodajas cubierto generosamente con salsa de tomatillo.

SOLOMILLO DE CERDO RELLENO DE ALBARICOQUE

DEBERES: 20 minutos de asado: 45 minutos de reposo: 5 minutos rinde: 2 a 3 porciones

2 albaricoques frescos medianos, picados en trozos grandes
2 cucharadas de pasas sin azufre
2 cucharadas de nueces picadas
2 cucharaditas de jengibre fresco rallado
¼ de cucharadita de cardamomo molido
1 lomo de cerdo de 12 onzas
1 cucharada de aceite de oliva
1 cucharada de mostaza estilo Dijon (ver <u>receta</u>)
¼ de cucharadita de pimienta negra

1. Precaliente el horno a 375 ° F. Cubra una bandeja para hornear con papel de aluminio; coloque una rejilla para asar en la bandeja para hornear.

2. En un tazón pequeño, mezcle los albaricoques, las pasas, las nueces, el jengibre y el cardamomo.

3. Haga un corte longitudinal en el centro de la carne de cerdo, cortando a ½ pulgada del otro lado. Mariposa para abrir. Coloque la carne de cerdo entre dos capas de film transparente. Con el lado plano de un mazo de carne, machaque ligeramente la carne hasta que tenga un grosor de ⅓ de pulgada. Dobla el extremo de la cola para hacer un rectángulo uniforme. Golpee ligeramente la carne para obtener un grosor uniforme.

4. Unte la mezcla de albaricoque sobre la carne de cerdo. Comenzando por el extremo estrecho, enrolle la carne de cerdo. Ate con hilo de cocina 100% algodón, primero en el

centro, luego a intervalos de 1 pulgada. Coloque el asado en la rejilla.

5. Mezcle el aceite de oliva y la mostaza estilo Dijon; cepille sobre el asado. Espolvoree el asado con pimienta. Ase durante 45 a 55 minutos o hasta que un termómetro de lectura instantánea insertado en el centro del asado registre 140 ° F. Deje reposar de 5 a 10 minutos antes de cortar.

SOLOMILLO DE CERDO CON COSTRA DE HIERBAS Y ACEITE DE AJO CRUJIENTE

DEBERES: 15 minutos de asado: 30 minutos de cocción: 8 minutos de reposo: 5 minutos rinde: 6 porciones

⅓ taza de mostaza estilo Dijon (ver receta)

¼ taza de perejil fresco cortado en tiras

2 cucharadas de tomillo fresco cortado en tiras

1 cucharada de romero fresco cortado en tiras

½ cucharadita de pimienta negra

2 solomillos de cerdo de 12 onzas

½ taza de aceite de oliva

¼ taza de ajo fresco picado

¼ a 1 cucharadita de pimiento rojo triturado

1. Precaliente el horno a 450 ° F. Cubra una bandeja para hornear con papel de aluminio; coloque una rejilla para asar en la bandeja para hornear.

2. En un tazón pequeño, mezcle la mostaza, el perejil, el tomillo, el romero y la pimienta negra para hacer una pasta. Extienda la mezcla de mostaza y hierbas sobre la parte superior y los lados del cerdo. Transfiera la carne de cerdo a la parrilla para asar. Coloque el asado en el horno; disminuya la temperatura a 375°F. Ase durante 30 a 35 minutos o hasta que un termómetro de lectura instantánea insertado en el centro del asado registre 140 ° F. Deje reposar de 5 a 10 minutos antes de cortar.

3. Mientras tanto, para el aceite de ajo, en una cacerola pequeña combine el aceite de oliva y el ajo. Cocine a fuego medio-bajo durante 8 a 10 minutos o hasta que el ajo esté

dorado y comience a crujir (no deje que el ajo se queme). Retírelo del calor; agregue el pimiento rojo triturado. Cortar la carne de cerdo; vierta aceite de ajo sobre las rodajas antes de servir.

CERDO CON ESPECIAS DE LA INDIA CON SALSA DE COCO

EMPEZAR A ACABAR: 20 minutos rinde: 2 porciones

3 cucharaditas de curry en polvo
2 cucharaditas de garam masala sin sal
1 cucharadita de comino molido
1 cucharadita de cilantro molido
1 lomo de cerdo de 12 onzas
1 cucharada de aceite de oliva
½ taza de leche de coco natural (como la de la marca Nature's Way)
¼ taza de cilantro fresco cortado en tiras
2 cucharadas de menta fresca cortada

1. En un tazón pequeño, mezcle 2 cucharaditas de curry en polvo, garam masala, comino y cilantro. Cortar la carne de cerdo en rodajas de ½ pulgada de grosor; espolvorear con especias. .

2. En una sartén grande, caliente el aceite de oliva a fuego medio. Agrega las rodajas de cerdo a la sartén; cocine por 7 minutos, volteando una vez. Retire la carne de cerdo de la sartén; cubrir para mantener el calor. Para la salsa, agregue la leche de coco y la cucharadita restante de curry en polvo a la sartén, revolviendo para raspar los trozos. Cocine a fuego lento durante 2 a 3 minutos. Agrega el cilantro y la menta. Agrega la carne de cerdo; cocine hasta que esté completamente caliente, echando salsa sobre la carne de cerdo.

SCALOPPINI DE CERDO CON MANZANAS Y CASTAÑAS ESPECIADAS

DEBERES: 20 minutos de cocción: 15 minutos rinde: 4 porciones

2 solomillos de cerdo de 12 onzas
1 cucharada de cebolla en polvo
1 cucharada de ajo en polvo
½ cucharadita de pimienta negra
2 a 4 cucharadas de aceite de oliva
2 manzanas Fuji o Pink Lady, peladas, sin corazón y picadas en trozos grandes
¼ de taza de chalotas finamente picadas
¾ cucharadita de canela molida
⅛ cucharadita de clavo molido
⅛ cucharadita de nuez moscada molida
½ taza de caldo de huesos de pollo (ver receta) o caldo de pollo sin sal agregada
2 cucharadas de jugo de limón fresco
½ taza de castañas asadas peladas, picadas * o nueces picadas
1 cucharada de salvia fresca cortada en tiras

1. Corte los solomillos al bies en rodajas de ½ pulgada de grosor. Coloque las rodajas de cerdo entre dos hojas de envoltura de plástico. Con el lado plano de un mazo de carne, machaque hasta que quede fino. Espolvoree las rodajas con cebolla en polvo, ajo en polvo y pimienta negra.

2. En una sartén grande, caliente 2 cucharadas de aceite de oliva a fuego medio. Cocine la carne de cerdo, en tandas, durante 3 a 4 minutos, volteando una vez y agregando aceite si es necesario. Transfiera la carne de cerdo a un plato; cubrir y mantener caliente.

3. Aumente el fuego a medio-alto. Agrega las manzanas, las chalotas, la canela, el clavo y la nuez moscada. Cocine y revuelva durante 3 minutos. Agregue el caldo de huesos de pollo y el jugo de limón. Tape y cocine por 5 minutos. Retírelo del calor; agregue las castañas y la salvia. Sirva la mezcla de manzana sobre la carne de cerdo.

* Nota: Para asar castañas, precaliente el horno a 400 ° F. Corta una X en un lado de la cáscara de la castaña. Esto permitirá que la cáscara se afloje mientras se cocina. Coloque las castañas en una bandeja para hornear y ase durante 30 minutos o hasta que la cáscara se separe de la nuez y las nueces estén tiernas. Envuelva las castañas asadas en un paño de cocina limpio. Pele las cáscaras y la piel de la nuez de color blanco amarillento.

SALTEADO DE FAJITAS DE CERDO

DEBERES: 20 minutos de cocción: 22 minutos rinde: 4 porciones

1 libra de lomo de cerdo, cortado en tiras de 2 pulgadas
3 cucharadas de condimento para fajitas sin sal o condimento mexicano (ver receta)
2 cucharadas de aceite de oliva
1 cebolla pequeña, finamente rebanada
½ de un pimiento rojo, sin semillas y en rodajas finas
½ de un pimiento naranja dulce, sin semillas y en rodajas finas
1 jalapeño, sin tallos y en rodajas finas (ver inclinar) (Opcional)
½ cucharadita de semillas de comino
1 taza de champiñones frescos en rodajas finas
3 cucharadas de jugo de limón fresco
½ taza de cilantro fresco cortado en tiras
1 aguacate, sin semillas, pelado y cortado en cubitos
Salsa deseada (ver recetas)

1. Espolvoree la carne de cerdo con 2 cucharadas de condimento para fajitas. En una sartén extra grande, caliente 1 cucharada de aceite a fuego medio-alto. Agrega la mitad de la carne de cerdo; cocine y revuelva unos 5 minutos o hasta que ya no esté rosado. Transfiera la carne a un tazón y tápela para mantenerla caliente. Repita con el resto del aceite y la carne de cerdo.

2. Encienda el fuego a medio. Agregue la 1 cucharada restante de condimento para fajitas, cebolla, pimientos dulces, jalapeño y comino. Cocine y revuelva unos 10 minutos o hasta que las verduras estén tiernas. Regrese toda la carne y los jugos acumulados a la sartén. Agregue los champiñones y el jugo de limón. Cocine hasta que esté completamente caliente. Retire la sartén del fuego; agregue el cilantro. Sirve con aguacate y la salsa deseada.

SOLOMILLO DE CERDO CON OPORTO Y CIRUELAS PASAS

DEBERES: 10 minutos de asado: 12 minutos de reposo: 5 minutos rinde: 4 porciones

EL OPORTO ES UN VINO GENEROSO, LO QUE SIGNIFICA QUE SE LE AÑADE UN AGUARDIENTE SIMILAR AL BRANDY PARA DETENER EL PROCESO DE FERMENTACIÓN. ESTO SIGNIFICA QUE CONTIENE MÁS AZÚCAR RESIDUAL QUE EL VINO TINTO DE MESA Y, EN CONSECUENCIA, TIENE UN SABOR MÁS DULCE. NO ES ALGO QUE QUIERAS BEBER TODOS LOS DÍAS, PERO UN POCO PARA COCINAR DE VEZ EN CUANDO ESTÁ BIEN.

2 solomillos de cerdo de 12 onzas
2½ cucharaditas de cilantro molido
¼ de cucharadita de pimienta negra
2 cucharadas de aceite de oliva
1 chalota, en rodajas
½ taza de vino de Oporto
½ taza de caldo de huesos de pollo (ver receta) o caldo de pollo sin sal agregada
20 ciruelas secas sin hueso (ciruelas pasas)
½ cucharadita de pimiento rojo triturado
2 cucharaditas de estragón fresco cortado en tiras

1. Precaliente el horno a 400 ° F. Espolvoree la carne de cerdo con 2 cucharaditas de cilantro y pimienta negra.

2. En una sartén grande para horno caliente el aceite de oliva a fuego medio-alto. Agregue los solomillos a la sartén. Cocine hasta que se dore por todos lados, girando para que se dore uniformemente, aproximadamente 8 minutos. Coloque la sartén en el horno. Ase, sin tapar, aproximadamente 12 minutos o hasta que un termómetro

de lectura instantánea insertado en el centro de los asados registre 140 ° F. Transfiera los solomillos a una tabla de cortar. Cubra sin apretar con papel de aluminio y deje reposar durante 5 minutos.

3. Mientras tanto, para la salsa, escurra la grasa de la sartén, reservando 1 cucharada. Cocine la chalota en la grasa reservada en una sartén a fuego medio durante unos 3 minutos o hasta que esté dorada y tierna. Agregue oporto a la sartén. Llevar a ebullición, revolviendo para raspar los trozos dorados. Agregue el caldo de huesos de pollo, las ciruelas secas, el pimiento rojo triturado y la ½ cucharadita de cilantro restante. Cocine a fuego medio-alto para reducir un poco, alrededor de 1 a 2 minutos. Agrega el estragón.

4. Cortar el cerdo en rebanadas y servir con ciruelas pasas y salsa.

TAZAS DE CERDO ESTILO MOO SHU EN LECHUGA CON VERDURAS EN ESCABECHE RÁPIDO

EMPEZAR A ACABAR: 45 minutos rinde: 4 porciones

SI HAS COMIDO UN PLATO TRADICIONAL DE MOO SHU EN UN RESTAURANTE CHINO, SABES QUE ES UN SABROSO RELLENO DE CARNE Y VERDURAS QUE SE COME EN FINOS PANQUEQUES CON UNA CIRUELA DULCE O SALSA HOISIN. ESTA VERSIÓN PALEO MÁS LIGERA Y FRESCA INCLUYE CARNE DE CERDO, COL CHINA Y CHAMPIÑONES SHIITAKE SALTEADOS CON JENGIBRE Y AJO Y SE DISFRUTA EN LECHUGA ENROLLADA CON CRUJIENTES VERDURAS EN ESCABECHE.

VEGETALES EN ESCABECHE
1 taza de zanahorias cortadas en juliana

1 taza de rábano daikon cortado en juliana

¼ de taza de cebolla morada picada

1 taza de jugo de manzana sin azúcar

½ taza de vinagre de sidra

CERDO
2 cucharadas de aceite de oliva o aceite de coco refinado

3 huevos, ligeramente batidos

8 onzas de lomo de cerdo, cortado en tiras de 2 × ½ pulgada

2 cucharaditas de jengibre fresco picado

4 dientes de ajo picados

2 tazas de repollo napa en rodajas finas

1 taza de hongos shiitake en rodajas finas

¼ de taza de cebolletas en rodajas finas

8 hojas de lechuga Boston

1. Para verduras encurtidas rápidas, en un tazón grande mezcle las zanahorias, el daikon y la cebolla. Para la salmuera, en una cacerola calentar el jugo de manzana y el vinagre hasta que suba el vapor. Vierta la salmuera sobre las verduras en un tazón; Cubra y refrigere hasta que esté listo para servir.

2. En una sartén grande, caliente 1 cucharada de aceite a fuego medio-alto. Con un batidor, bata ligeramente los huevos. Agrega los huevos a la sartén; cocine, sin revolver, hasta que cuaje en el fondo, aproximadamente 3 minutos. Con una espátula flexible, voltee con cuidado el huevo y cocine por el otro lado. Saque el huevo de la sartén y colóquelo en una fuente.

3. Vuelva a calentar la sartén; agregue la 1 cucharada de aceite restante. Agrega las tiras de cerdo, el jengibre y el ajo. Cocine y revuelva a fuego medio-alto durante unos 4 minutos o hasta que la carne de cerdo ya no esté rosada. Agrega el repollo y los champiñones; cocine y revuelva unos 4 minutos o hasta que el repollo se marchite, los champiñones se ablanden y la carne de cerdo esté bien cocida. Retire la sartén del fuego. Corta el huevo cocido en tiritas. Revuelva suavemente las tiras de huevo y las cebolletas en la mezcla de cerdo. Sirva en hojas de lechuga y cubra con verduras encurtidas.

CHULETAS DE CERDO CON MACADAMIAS, SALVIA, HIGOS Y PURÉ DE CAMOTE

DEBERES: 15 minutos de cocción: 25 minutos rinde: 4 porciones

COMBINADO CON PURÉ DE CAMOTE, ESTAS JUGOSAS CHULETAS CUBIERTAS DE SALVIA SON UNA COMIDA DE OTOÑO PERFECTA, Y UNA QUE SE PREPARA RÁPIDAMENTE, POR LO QUE ES PERFECTA PARA UNA NOCHE OCUPADA DE LA SEMANA.

4 chuletas de lomo de cerdo deshuesadas, cortadas de 1¼ pulgadas de grosor
3 cucharadas de salvia fresca cortada en tiras
¼ de cucharadita de pimienta negra
3 cucharadas de aceite de nuez de macadamia
2 libras de batatas, peladas y cortadas en trozos de 1 pulgada
¾ taza de nueces de macadamia picadas
½ taza de higos secos picados
⅓ taza de caldo de hueso de res (ver receta) o caldo de res sin sal agregada
1 cucharada de jugo de limón fresco

1. Espolvoree las chuletas de cerdo por ambos lados con 2 cucharadas de salvia y pimienta; frote con los dedos. En una sartén grande, caliente 2 cucharadas de aceite a fuego medio. Agrega las chuletas a la sartén; cocine de 15 a 20 minutos o hasta que esté cocido (145 ° F), volteando una vez a la mitad de la cocción. Transfiera las chuletas a un plato; cubrir para mantener el calor.

2. Mientras tanto, en una cacerola grande combine las batatas y suficiente agua para cubrir. Llevar a ebullición; reducir el calor. Tape y cocine a fuego lento durante 10 a 15 minutos o hasta que las papas estén tiernas. Escurre las

patatas. Agregue la cucharada restante de aceite de macadamia a las papas y tritúrelas hasta que estén cremosas; mantener caliente.

3. Para la salsa, agregue las nueces de macadamia a la sartén; cocine a fuego medio hasta que esté tostado. Agrega los higos secos y la cucharada restante de salvia; cocine por 30 segundos. Agregue el caldo de hueso de res y el jugo de limón a la sartén, revolviendo para raspar los trozos dorados. Vierta la salsa sobre las chuletas de cerdo y sirva con puré de camote.

CHULETAS DE CERDO ASADAS EN SARTÉN CON ROMERO Y LAVANDA CON UVAS Y NUECES TOSTADAS

DEBERES: 10 minutos de cocción: 6 minutos de asado: 25 minutos rinde: 4 porciones

ASAR LAS UVAS JUNTO CON LAS CHULETAS DE CERDOINTENSIFICA SU SABOR Y DULZOR. JUNTO CON LAS CRUJIENTES NUECES TOSTADAS Y UNA PIZCA DE ROMERO FRESCO, SON UN COMPLEMENTO MARAVILLOSO PARA ESTAS ABUNDANTES CHULETAS.

2 cucharadas de romero fresco cortado en tiras

1 cucharada de lavanda fresca cortada

½ cucharadita de ajo en polvo

½ cucharadita de pimienta negra

4 chuletas de lomo de cerdo, cortadas de 1¼ pulgadas de grosor (alrededor de 3 libras)

1 cucharada de aceite de oliva

1 chalota grande, en rodajas finas

1½ tazas de uvas rojas y / o verdes sin semillas

½ taza de vino blanco seco

¾ taza de nueces picadas en trozos grandes

Romero fresco cortado

1. Precaliente el horno a 375 ° F. En un tazón pequeño, combine 2 cucharadas de romero, lavanda, ajo en polvo y pimienta. Frote la mezcla de hierbas uniformemente en las chuletas de cerdo. En una sartén extra grande para horno, caliente el aceite de oliva a fuego medio. Agrega las chuletas a la sartén; cocine de 6 a 8 minutos o hasta que se dore por ambos lados. Transfiera las chuletas a un plato; cubrir con papel de aluminio.

2. Agregue la chalota a la sartén. Cocine y revuelva a fuego medio durante 1 minuto. Agrega uvas y vino. Cocine unos 2 minutos más, revolviendo para raspar los trozos dorados. Regrese las chuletas de cerdo a la sartén. Coloque la sartén en el horno; ase durante 25 a 30 minutos o hasta que las chuletas estén cocidas (145 ° F).

3. Mientras tanto, esparza las nueces en un molde para hornear poco profundo. Agregue al horno con las chuletas. Ase unos 8 minutos o hasta que esté tostado, revolviendo una vez para tostar uniformemente.

4. Para servir, cubra las chuletas de cerdo con uvas y nueces tostadas. Espolvoree con romero fresco adicional.

CHULETAS DE CERDO ALLA FIORENTINA CON BRÓCOLI ASADO RABE

DEBERES: 20 minutos grill: 20 minutos marinado: 3 minutos rinde: 4 porciones
FOTO

"ALLA FIORENTINA" ESENCIALMENTE SIGNIFICA "AL ESTILO DE FLORENCIA". ESTA RECETA TIENE EL ESTILO DE BISTECCA ALLA FIORENTINA, UN CHULETÓN TOSCANO ASADO A LA PARRILLA SOBRE UN FUEGO DE LEÑA CON LOS AROMAS MÁS SIMPLES, GENERALMENTE SOLO ACEITE DE OLIVA, SAL, PIMIENTA NEGRA Y UN CHORRITO DE LIMÓN FRESCO PARA TERMINAR.

1 libra de brócoli rabe
1 cucharada de aceite de oliva
4 chuletas de lomo de cerdo con hueso de 6 a 8 onzas, cortadas de 1½ a 2 pulgadas de grosor
Pimienta negra molida gruesa
1 limón
4 dientes de ajo, en rodajas finas
2 cucharadas de romero fresco cortado en tiras
6 hojas frescas de salvia, picadas
1 cucharadita de hojuelas de pimiento rojo triturado (o al gusto)
½ taza de aceite de oliva

1. En una cacerola grande blanquear el brócoli rabe en agua hirviendo durante 1 minuto. Transfiera inmediatamente a un recipiente con agua helada. Cuando esté frío, escurra el brócoli en una bandeja para hornear forrada con papel toalla, secando lo más posible con toallas de papel adicionales. Retire las toallas de papel de la bandeja para hornear. Rocíe el brócoli rabe con 1 cucharada de aceite

de oliva, revolviendo para cubrir; dejar a un lado hasta que esté listo para asar.

2. Espolvoree ambos lados de las chuletas de cerdo con pimienta molida gruesa; dejar de lado. Con un pelador de verduras, retire las tiras de cáscara del limón (guarde el limón para otro uso). Esparza tiras de cáscara de limón, ajo en rodajas, romero, salvia y pimiento rojo triturado en una fuente grande; dejar de lado.

3. Para una parrilla de carbón, mueva la mayoría de las brasas a un lado de la parrilla, dejando algunas brasas debajo del otro lado de la parrilla. Dorar las chuletas directamente sobre las brasas durante 2 a 3 minutos o hasta que se forme una costra marrón. Dar la vuelta a las chuletas y dorar por el segundo lado durante 2 minutos más. Mueva las chuletas al otro lado de la parrilla. Tape y cocine a la parrilla durante 10 a 15 minutos o hasta que esté cocido (145 ° F). (Para una parrilla de gas, precaliente la parrilla; reduzca el fuego en un lado de la parrilla a medio. Selle las chuletas como se indica arriba a fuego alto. Mueva al lado de la parrilla a fuego medio; continúe como se indica arriba).

4. Transfiera las chuletas a la fuente. Rocíe las chuletas con ½ taza de aceite de oliva, dándoles la vuelta para cubrir ambos lados. Deje marinar las chuletas durante 3 a 5 minutos antes de servir, volteándolas una o dos veces para infundir la carne con los sabores de la cáscara de limón, el ajo y las hierbas.

5. Mientras reposan las chuletas, ase el brócoli rabe para que se queme ligeramente y caliente. Coloque el brócoli rabe

en un plato con las chuletas de cerdo; vierta un poco de la marinada sobre cada chuleta y brócoli antes de servir.

CHULETAS DE CERDO RELLENAS DE ESCAROLA

DEBERES: 20 minutos de cocción: 9 minutos rinde: 4 porciones

LA ESCAROLA SE PUEDE COMER COMO ENSALADA VERDE.O SALTEADOS LIGERAMENTE CON AJO EN ACEITE DE OLIVA PARA UNA GUARNICIÓN RÁPIDA. AQUÍ, COMBINADO CON ACEITE DE OLIVA, AJO, PIMIENTA NEGRA, PIMIENTO ROJO TRITURADO Y LIMÓN, HACE UN HERMOSO RELLENO DE COLOR VERDE BRILLANTE PARA JUGOSAS CHULETAS DE CERDO A LA SARTÉN.

4 chuletas de cerdo con hueso de 6 a 8 onzas, cortadas de ¾ de pulgada de grosor

½ de escarola de cabeza mediana, finamente picada

4 cucharadas de aceite de oliva

1 cucharada de jugo de limón fresco

¼ de cucharadita de pimienta negra

¼ de cucharadita de pimiento rojo triturado

2 dientes de ajo grandes, picados

Aceite de oliva

1 cucharada de salvia fresca cortada en tiras

¼ de cucharadita de pimienta negra

⅓ taza de vino blanco seco

1. Con un cuchillo de cocina, corte un bolsillo profundo, de aproximadamente 2 pulgadas de ancho, en el lado curvo de cada chuleta de cerdo; dejar de lado.

2. En un tazón grande combine la escarola, 2 cucharadas de aceite de oliva, jugo de limón, ¼ de cucharadita de pimienta negra, pimiento rojo triturado y ajo. Rellena cada chuleta con un cuarto de la mezcla. Unte las chuletas con

aceite de oliva. Espolvoree con salvia y ¼ de cucharadita de pimienta negra molida.

3. En una sartén extra grande, caliente las 2 cucharadas de aceite de oliva restantes a fuego medio-alto. Dorar la carne de cerdo durante 4 minutos por cada lado hasta que se dore. Transfiera las chuletas a un plato. Agregue el vino a la sartén, raspando los trozos dorados. Reduzca los jugos de la sartén durante 1 minuto.

4. Rocíe las chuletas con el jugo de la sartén antes de servir.

www.ingramcontent.com/pod-product-compliance
Lightning Source LLC
Chambersburg PA
CBHW071817080526
44589CB00012B/826